Ontdek gratis online spelletjes

Hier verkrijgbaar:

BestActivityBooks.com/FREEGAMES

5 TIPS OM TE BEGINNEN!

1) HOE OP TE LOSSEN

De Puzzels zijn in een Klassiek Formaat:

- Woorden worden verborgen zonder pauzes (geen spaties, streepjes, ...)
- Oriëntatie: Voorwaarts & Achterwaarts, Boven & Beneden of in Diagonaal (kan in beide richtingen)
- Woorden kunnen elkaar overlappen of kruisen

2) ACTIEF LEREN

Naast elk woord is een spatie voorzien om de vertaling te noteren. Om actief te leren vindt u een **WOORDENBOEK** aan het einde van deze editie om uw kennis te controleren en uit te breiden. U kunt elke vertaling opzoeken en opschrijven, de woorden in de puzzel vinden en ze vervolgens aan uw woordenschat toevoegen!

3) TAG JE WOORDEN

Hebt u al geprobeerd een labelsysteem te gebruiken? U zou bijvoorbeeld de woorden die moeilijk te vinden waren kunnen markeren met een kruis, de woorden die u leuk vond met een ster, nieuwe woorden met een driehoek, zeldzame woorden met een ruit enzovoort...

4) ORGANISEER UW LEREN

Wij bieden ook een handig **NOTITIEBOEKJE** aan het eind van deze uitgave. Of u nu op vakantie, op reis of thuis bent, u kunt uw nieuwe kennis gemakkelijk ordenen zonder dat u een tweede notitieboek nodig hebt!

5) AFGESLOTEN?

Ga naar de bonussectie: **FINAAL UITDAGING** om een gratis spel te vinden dat aan het einde van deze editie wordt aangeboden!

Wil je meer leuke en leerzame activiteiten? Het is Snel en Eenvoudig! Een hele collectie spelboeken slechts **één klik verwijderd!**

Vind uw volgende uitdaging bij:

BestActivityBooks.com/MijnVolgendeBoek

Klaar... Start!

Wist u dat er zo'n 7000 verschillende talen in de wereld zijn? Woorden zijn kostbaar.

We houden van talen en hebben hard gewerkt om de boeken van de hoogste kwaliteit voor u te maken. Onze ingrediënten?

Een selectie van onmisbare leerthema's, drie grote plakken plezier, dan voegen we er een lepel moeilijke woorden en een snuifje zeldzame woorden aan toe. We serveren ze met zorg en een maximum aan verrukking, zodat je de beste woordspelletjes kunt oplossen en veel plezier beleeft aan het leren!

Uw feedback is essentieel. U kunt een actieve bijdrage leveren aan het succes van dit boek door een recensie achter te laten. Vertel ons wat u het meest beviel in deze editie!

Hier is een korte link die u naar uw bestelpagina brengt:

BestBooksActivity.com/Recensies50

Bedankt voor uw hulp en veel plezier met het spel!

Linguas Classics

1 - Metingen

```
K D U B I N A R C V T A E D
U I L V O L U M E N Y A R U
B A L A M I C E D C E C A Ž
B S W O F U S A P C C L T I
M A R G M A R G O L I K E N
H M P T V E U N C A N Z M A
V S H Đ S I T V O K S R I R
A J A D T V S A N I Ž E T T
T O N A U U N I R R A Y N I
U J B W P W O W N S N L E L
N Y G O A G P B B A H U C F
I F Y S N I N Č A M E T A R
M G J G J O S O P J V K G V
Š I R I N A H P D D T H O A
```

ŠIRINA	KILOGRAM
BAJT	KILOMETAR
CENTIMETAR	DUŽINA
DECIMALA	LITRA
DUBINA	MASA
TEŽINA	METAR
STUPANJ	MINUTA
GRAM	UNCA
VISINA	TONA
INČ	VOLUMEN

2 - Keuken

```
W  V  F  P  S  W  B  N  E  B  T  H  E  V
I  E  S  P  P  F  V  I  L  I  C  E  I  V
Č  N  G  T  U  M  Z  D  U  W  T  J  D  R
A  P  I  B  Ž  V  R  Č  I  H  P  S  G  Y
J  K  Đ  Č  V  R  E  C  E  P  T  C  E  C
N  P  U  K  A  J  N  D  A  L  H  D  P  J
I  N  K  T  C  Z  A  U  N  A  P  R  R  N
K  E  C  I  L  Ž  M  J  A  E  B  Z  E  O
P  D  L  J  A  A  U  B  R  U  S  D  G  Ž
G  Y  K  B  T  I  Č  L  H  F  F  J  A  E
P  E  Ć  N  I  C  A  A  U  C  S  E  Č  V
R  O  Š  T  I  L  J  E  C  S  U  L  A  I
Š  A  L  I  C  E  W  Đ  O  C  D  A  A  W
Z  A  M  R  Z  I  V  A  Č  T  N  K  W  A
```

ŠALICE	KUTLAČA
JESTI	RECEPT
ROŠTILJ	PREGAČA
ČAJNIK	UBRUS
HLADNJAK	ZAČINI
ZDJELA	SPUŽVA
VRČ	HRANA
ŽLICE	VILICE
NOŽEVI	ZAMRZIVAČ
PEĆNICA	

3 - Boten

```
C I U Y K I M J O J Đ A L F
U C N T A B O A G E R O M P
K A N U J A R H R Z L U O B
P Z J G A K N T K E J A R T
D L D S K E A A Đ R R V Đ W
O A U C A J R D S O R D I S
B C E T Š I N A T S I R P P
G W E S A R E S K C V S Đ L
S V M A Đ Č S O K I O I D A
M P M P N E A P G L L T I V
P O M O R S K I B Đ A W N N
B M C U M O T O R D V E U J
Đ I F M U Ž E J A R B O L E
J E D R I L I C A Y A I T Z
```

SIDRO	JEZERO
POSADA	MOTOR
PLUTAČA	POMORSKI
PRISTANIŠTE	OCEAN
VALOVI	RIJEKA
JAHTA	UŽE
KAJAK	TRAJEKT
KANU	SPLAV
JARBOL	MORE
MORNAR	JEDRILICA

4 - Chocolade

```
N C V K O R E C E P T A S K
E G Z O T I Č N O C H R A A
S L A T K O T T C K E Z S L
A U K U S N O A K A M T O
R P W I A I N E J L I M O R
O D R Đ W K K Š Z R G B J I
M H H A V S S A E Z L B A J
A F B F H T V S R Ć O L K E
Z K V N M A J E J A E O M U
B O M B O N H W T M M R O T
K O K O S A G O R A K E Z R
Z V A G U Ž U D N J A L I
M E S M K I K I R I K I Y A
K V G C U K V A L I T E T A
```

AROMA
ZANATSKI
GORAK
KAKAO
KALORIJE
EGZOTIČNO
OMILJENI
UKUSNO
SASTOJAK
KARAMELA

KOKOS
KVALITETA
KIKIRIKI
PRAH
RECEPT
UKUS
BOMBON
ŠEĆER
ŽUDNJA
SLATKO

5 - Gezondheid en Welzijn #2

```
W  I  M  A  S  A  Ž  A  Y  G  G  B  I  G
T  M  S  D  Y  T  E  Ž  I  N  A  O  N  S
E  N  E  R  G  I  J  A  H  A  D  L  F  G
A  N  E  J  I  G  I  H  G  J  K  N  E  F
U  N  B  Y  T  E  T  S  M  I  K  I  K  K
G  I  A  O  N  A  A  E  H  G  L  C  C  R
J  M  O  T  P  G  M  R  B  R  L  A  I  V
M  A  G  B  O  O  S  T  Z  E  A  N  J  A
O  T  L  C  Y  M  R  S  Y  L  U  N  A  R
D  I  J  E  T  A  I  A  C  A  A  U  A  D
M  V  N  E  C  D  Đ  J  V  O  B  A  Đ  Z
K  A  L  O  R  I  J  A  A  A  M  S  K  E
K  N  T  I  J  E  L  O  M  T  K  K  Z  K
N  N  N  C  P  R  O  B  A  V  A  O  B  E
```

ALERGIJA	HIGIJENA
ANATOMIJA	INFEKCIJA
KRV	TIJELO
KALORIJA	MASAŽA
DIJETA	PROBAVA
ENERGIJA	STRES
TEŽINA	VITAMIN
ZDRAV	ISHRANA
OPORAVAK	BOLNICA

6 - Tijd

```
H  S  I  B  U  D  U  Ć  N  O  S  T  F  U
P  S  P  F  N  A  K  O  N  K  A  A  C  I
N  O  P  Đ  I  Đ  R  R  D  U  J  S  B  O
A  O  R  T  U  J  Y  C  E  S  E  J  M  S
D  E  Ć  E  J  L  O  T  S  Č  W  Y  R  A
G  O  D  I  Š  N  J  I  E  S  U  R  A  D
D  A  N  A  S  N  R  L  T  P  U  J  N  A
E  M  I  N  U  T  A  H  L  O  T  T  O  T
T  J  E  D  A  N  D  J  J  D  J  F  R  V
N  E  T  T  V  J  N  C  E  N  K  S  L  A
T  E  C  L  Đ  S  E  E  Ć  E  I  S  A  I
U  U  W  K  H  N  L  O  E  Đ  Z  F  U  F
F  W  P  S  D  S  A  K  R  W  G  P  M  F
G  O  D  I  N  A  K  Z  W  Đ  U  G  M  V
```

DAN	MINUTA
DESETLJEĆE	SUTRA
STOLJEĆE	NAKON
JUČER	NOĆ
GODINA	SADA
GODIŠNJI	JUTRO
KALENDAR	BUDUĆNOST
SAT	DANAS
MJESEC	RANO
PODNE	TJEDAN

7 - Meditatie

```
E D C M M H E S J F F A O P
M R R I M E J A S N O Ć A O
O Ž F S M N N P B B F A Ć K
C A V L A G A T R Z J D E R
I N R I J Z S J A I A P R E
J J Z C N A I U B L R L S T
E E L K Ž L D M S O N O G T
Z A H V A L N O S T R O D V
P E R S P E K T I V A B B A
P R O M A T R A N J E U R N
P R I H V A Ć A N J E D U I
S U O S J E Ć A N J E A F Š
L U G D Z N G Đ T S P N J I
L J U B A Z N O S T D Đ U T
```

PAŽNJA	SUOSJEĆANJE
PRIHVAĆANJE	MENTALNO
DISANJE	GLAZBA
POKRET	PRIRODA
ZAHVALNOST	PROMATRANJE
EMOCIJE	PERSPEKTIVA
MISLI	TIŠINA
SREĆA	MIR
JASNOĆA	LJUBAZNOST
DRŽANJE	BUDAN

8 - Muziek

```
U  R  O  B  Z  P  V  P  H  F  K  P  Y  M
P  U  R  A  M  C  T  C  V  V  I  J  E  I
S  K  Y  L  Z  E  N  U  H  Y  A  E  U  K
W  I  Đ  A  Z  S  E  H  V  V  D  S  G  R
Y  N  W  D  K  P  M  U  B  L  A  N  L  O
R  Č  V  A  M  J  U  Z  I  K  L  I  A  F
U  I  G  I  K  A  R  E  P  O  K  Č  Z  O
G  S  T  C  B  W  T  S  T  F  S  K  B  N
Z  A  E  M  A  B  S  I  K  C  P  I  E  L
L  L  H  D  I  O  N  A  R  E  K  T  N  I
B  K  D  D  N  Č  I  T  E  M  P  O  I  R
P  J  E  V  A  Č  A  N  K  T  T  S  K  S
M  L  J  V  W  E  J  N  A  M  I  N  S  K
I  M  P  R  O  V  I  Z  I  R  A  T  I  I
```

ALBUM	MJUZIKL
BALADA	GLAZBENIK
SKLAD	OPERA
IMPROVIZIRATI	SNIMANJE
INSTRUMENT	PJESNIČKI
KLASIČNI	RITAM
ZBOR	RITMIČAN
LIRSKI	TEMPO
MIKROFON	PJEVAČ

9 - Vogels

```
P  D  G  D  A  F  H  Đ  Y  M  Đ  D  K  V
I  F  U  A  J  T  T  P  A  T  K  A  U  S
N  K  S  D  T  B  J  O  N  J  S  L  K  O
G  I  K  P  F  U  N  D  U  L  L  Y  A  V
V  N  A  C  Z  L  U  P  B  C  R  H  V  A
I  A  W  C  M  O  A  D  O  R  A  S  I  B
N  K  L  Y  D  G  P  M  O  I  I  N  C  E
P  I  L  E  T  I  N  A  I  U  O  T  A  J
V  L  Č  A  P  L  J  A  P  N  B  U  N  A
R  E  L  P  P  N  S  L  B  A  G  O  A  J
A  P  A  M  I  G  A  L  E  B  P  O  R  E
B  O  B  W  T  L  B  T  Z  Đ  K  I  V  G
A  Z  U  Z  I  E  J  G  S  Y  N  V  G  U
C  S  D  C  S  Y  A  V  V  E  P  S  K  A
```

GOLUB	RODA
PATKA	PAPIGA
JAJE	PAUN
FLAMINGO	PELIKAN
GUSKA	PINGVIN
PILETINA	ČAPLJA
KUKAVICA	NOJ
VRANA	TOUCAN
GALEB	SOVA
VRABAC	LABUD

10 - Universum

```
Z O D I J A K J G R R R R A
E M L F G C R H C O S M H S
U H A R E F S O M T A J P T
N E B O Y A A R Y A R E T E
D F I D V J G I T V E S V R
K L I K Č I M Z O K F E S O
M P A V C S M O C E S C T I
O Z G I Y K A N I R I Š A D
N F Đ J Y A Đ T Đ P M E M G
O A I L L L G S I E E U A P
R Y G D F A S Z M B H Z E B
T L S I T G J O Y R R W G M
S K O V B D U Ž I N A O V F
A S T R O N O M I J A H N S
```

ASTEROID	HEMISFERA
ASTRONOMIJA	NEBO
ASTRONOM	HORIZONT
ATMOSFERA	NAGIB
ORBITA	KOZMIČKI
ŠIRINA	DUŽINA
ZODIJAK	MJESEC
TAMA	GALAKSIJA
EKVATOR	VIDLJIV

11 - Wiskunde

```
P O P S E G I G Z P O R T H
T R N D A H K E K Y N S O U
K R O K O R N O G I L O P J
I V O M W R A M P V E N W F
N S A K J I C E Z O L Y E W
T I J D U E D T L T A M U S
U M E E R T R R T U R G A C
K E D O D A J I C K A R F W
O T N P W E T J B N P O M M
V R A D P A H A C I M O K O
A I D F P O D J E L A F Y V
R J Ž E K S P O N E N T I I
P A B T H S D E C I M A L A
C L A K I T E M T I R A I S
```

DECIMALA	OPSEG
PROMJER	PARALELNO
PODJELA	PRAVOKUTNIK
TROKUT	ARITMETIKA
EKSPONENT	SUMA
FRAKCIJA	SIMETRIJA
GEOMETRIJA	POLIGON
KUTOVI	JEDNADŽBA
OKOMICA	KVADRAT

12 - Gezondheid en Welzijn #1

```
L O P U Š T A N J E M U G W
I C V I Ž S Z N A V I T K A
J G J U L K C Đ J T Š K O Đ
E J N E Č E J I L W I Z T W
K H B H O L C C W E Ć P G H
O O O Đ E F D W S R I R A L
U H M R J E K L I N I K A I
K B P B M R M H Y V G N N J
L O R H M O V I R U S A R E
A O Ž B U T N U T T V V A Č
U G M A N I S I V D B I K N
B A K T E R I J E L R K E I
S G B O Z L J E D A S A J K
T V Z G L A D E U S E P L I
```

AKTIVAN	KOŽA
LJEKARNA	KLINIKA
BAKTERIJE	OZLJEDA
LIJEČENJE	LIJEK
LOM	OPUŠTANJE
LIJEČNIK	REFLEKS
NAVIKA	MIŠIĆI
GLAD	VIRUS
VISINA	ŽIVCI
HORMONI	

13 - Camping

```
C D L A I Z K L U J O M E D
U C L O V P Š U Y O J J F L
Ž Đ D C Đ K T A M L H E E F
E N Z Z N O K R T B V S N A
C R M P Đ M A T P O P E J V
K A R T A P B A L Z R C E A
K U K A C A I V A H I C R N
K A N U J S N T N M Š V D T
Š F G G E F A E I L E I R U
O U J E Z E R O N N Š S V R
H F M W H V N C A B F E E A
B S I A P R I R O D A Ć Ć D
Ž I V O T I N J E E M A A D
C B N V C Y R A Y C N T Z K
```

AVANTURA	LOV
PLANINA	KARTA
DRVEĆA	KANU
ŠUMA	KOMPAS
VATRA	FENJER
KABINA	MJESEC
ŽIVOTINJE	JEZERO
VISEĆA	PRIRODA
ŠEŠIR	ŠATOR
KUKAC	UŽE

14 - Algebra

```
U  M  D  M  L  F  D  N  L  Z  T  I  H  N
L  A  C  R  O  W  R  I  Đ  D  V  Y  M  U
S  T  R  H  A  L  B  A  J  I  R  A  V  L
A  R  Đ  Y  L  R  O  T  K  A  F  P  N  A
R  I  I  E  E  M  A  P  G  C  G  P  K  M
K  C  N  J  J  M  K  D  R  L  I  R  Đ  U
O  A  R  N  D  P  T  A  A  P  F  J  A  S
L  A  A  E  O  G  M  B  F  R  Đ  A  A  M
I  Y  E  Š  P  M  I  G  I  Đ  G  I  H  M
Č  T  N  E  N  O  P  S  K  E  C  A  M  F
I  N  I  J  M  E  L  B  O  R  P  V  Z  B
N  D  L  R  U  R  N  O  N  Ž  A  L  U  T
A  F  O  R  M  U  L  A  N  P  Y  S  K  Y
B  E  S  K  O  N  A  Č  N  O  Y  G  R  V
```

DIJAGRAM	LINEARNI
PODJELA	MATRICA
EKSPONENT	NULA
FAKTOR	BESKONAČNO
FORMULA	RJEŠENJE
FRAKCIJA	PROBLEM
GRAFIKON	SUMA
ZAGRADA	LAŽNO
KOLIČINA	VARIJABLA

15 - Activiteiten

```
A  R  E  H  E  P  Đ  M  Y  P  L  S  W  F
K  Z  I  A  J  L  G  Y  C  S  S  O  L  O
T  A  Č  B  N  E  M  Y  J  G  L  K  V  T
I  G  I  S  A  S  A  O  D  D  I  E  O  O
V  O  T  A  V  R  G  Y  B  N  K  R  P  G
N  N  A  J  I  O  S  C  N  R  A  A  U  R
O  E  N  I  Š  H  L  T  C  Y  T  M  Š  A
S  T  J  G  Z  J  A  R  V  A  V  I  T  F
T  K  E  A  V  D  Y  O  V  O  L  K  A  I
R  E  U  M  J  E  Đ  N  O  S  T  A  N  J
I  G  R  E  V  J  E  Š  T  I  N  A  J  A
Z  A  D  O  V  O  L  J  S  T  V  O  E  V
V  R  T  L  A  R  S  T  V  O  C  V  V  L
V  L  S  N  K  A  M  P  I  R  A  N  J  E
```

AKTIVNOST	ČITANJE
OBRT	MAGIJA
PLES	ŠIVANJE
FOTOGRAFIJA	OPUŠTANJE
IGRE	ZADOVOLJSTVO
RIBARSTVO	ZAGONETKE
LOV	SLIKA
KAMPIRANJE	VRTLARSTVO
KERAMIKA	VJEŠTINA
UMJETNOST	

16 - Diplomatie

```
H D T R F S D A K U L D O V
I U S O T G B A E J J I P I
N R M D S O C Z J E A P R T
T P K A O A K B N Z H L A I
E A E S N C I Y E I T O V G
G R T A R I N I Š C B M D R
R V I B U N T N E I A A A A
I Z K M G D E A J M K T D S
T S A A I E J Đ R I I S V P
E D U Đ S J V A O N T K L R
T I A K I A A R V A I I A A
Đ Z G N O Z S G O R L O D V
B A J P R B U H G T O D A A
K V A J N D A R U S P H P C
```

SAVJETNIK
AMBASADOR
STRANI
GRAĐANI
SUKOB
DIPLOMATSKI
RASPRAVA
ETIKA
ZAJEDNICA
PRAVDA

HUMANITARNI
INTEGRITET
RJEŠENJE
POLITIKA
VLADA
ODLUKA
SURADNJA
JEZICI
SIGURNOST
UGOVOR

17 - Astronomie

```
K K A S T R O N A U T E S R
I O O T R T D Y J B A V Đ I
B Đ N M O K H J L R S M T M
P O K S E L E T M A T H K C
F N M D T T T K E K R B J I
K U T I E E I S Z E O V V S
O M V O M J L L P T N E Y Z
Z G J R E V E A M A O J S V
M P V E Z V T C C R M N V I
O Z E T S B A I U I Y E E J
S J R S Z E S L W U J Č M E
K T B A P P C G H C M A I Z
P L A N E T A A F Z G R R D
Y U Z P N L F M P H I Z M A
```

ZEMLJA	PLANETA
ASTEROID	RAKETA
ASTRONAUT	SATELIT
ASTRONOM	ZVIJEZDA
KOMET	KONSTELACIJA
KOZMOS	ZRAČENJE
MJESEC	TELESKOP
METEOR	SVEMIR
MAGLICA	

18 - Emoties

```
D  Z  N  E  Đ  U  B  Z  U  D  L  T  R  Z
Đ  E  A  R  S  T  R  A  H  O  J  M  D  B
K  J  J  H  A  V  M  M  W  S  U  A  H  B
V  N  L  W  V  D  E  O  C  A  B  J  J  B
T  E  O  T  U  A  O  M  L  D  A  F  M  I
S  Đ  V  U  P  G  L  S  U  A  V  L  P  C
O  A  O  G  S  E  Đ  A  T  M  I  R  A  N
N  N  D  A  O  V  T  S  N  E  Ž  A  L  B
Z  E  A  R  I  M  N  J  E  Ž  N  O  S  T
A  N  Z  B  Ž  N  E  U  G  O  D  N  O  D
B  Z  I  I  T  A  U  M  Đ  U  M  Y  R  D
U  I  K  J  I  N  J  A  Y  N  G  Đ  W  L
J  Z  W  E  O  L  A  K  Š  A  N  J  E  N
L  W  H  S  Z  S  I  M  P  A  T  I  J  A
```

STRAH	SIMPATIJA
NEUGODNO	NJEŽNOST
ZAHVALAN	ZADOVOLJAN
TUGA	IZNENAĐENJE
BLAŽENSTVO	DOSADA
SADRŽAJ	MIR
MIRAN	RADOST
LJUBAV	LJUBAZNOST
UZBUĐEN	BIJES
OLAKŠANJE	

19 - Vakantie #2

```
Z  R  A  Č  N  A  L  U  K  A  Z  I  V  V
Š  A  T  O  R  R  I  S  R  K  Z  O  P  E
P  L  A  Ž  A  O  T  W  I  A  G  W  W  O
L  R  E  S  T  O  R  A  N  M  A  R  N  O
K  E  Z  O  V  E  J  I  R  P  Z  H  E  T
P  U  T  O  V  A  N  J  E  I  V  P  S  O
C  K  G  O  G  P  D  C  T  R  L  U  T  K
K  C  A  Đ  H  Đ  P  Y  Š  A  A  T  R  D
K  J  S  R  O  M  D  O  I  N  K  O  A  P
I  G  A  T  T  R  L  Z  D  J  S  V  N  R
M  O  R  E  R  A  N  F  E  E  J  N  A  S
T  A  K  S  I  A  M  Y  R  Đ  J  I  C  L
G  J  H  T  Đ  Z  N  G  D  N  O  C  K  O
O  W  O  N  L  A  K  I  O  J  F  A  R  Đ
```

ODREDIŠTE   RESTORAN
STRANAC   PLAŽA
STRANI   TAKSI
OTOK   ŠATOR
HOTEL   VLAK
KARTA   ODMOR
KAMPIRANJE   PRIJEVOZ
ZRAČNA LUKA   VIZA
PUTOVNICA   MORE
PUTOVANJE

20 - Weersomstandigheden

```
P  T  E  M  P  E  R  A  T  U  R  A  T  V
D  O  H  U  S  A  T  M  O  S  F  E  R  A
U  B  L  K  L  I  M  A  D  N  N  H  N  A
G  E  L  A  N  I  V  A  J  L  M  R  G  M
A  N  D  Š  R  L  E  D  U  E  J  G  S  U
U  U  R  U  P  N  B  H  S  M  B  E  N  N
S  S  I  S  V  H  I  K  S  P  O  R  T  J
P  N  D  U  R  A  G  A  N  A  D  A  G  A
I  O  M  A  G  L  A  L  E  G  A  T  V  A
I  M  P  Đ  O  E  H  B  O  M  N  E  W  K
S  G  G  L  W  R  G  O  L  T  R  J  K  H
M  Z  G  I  A  A  W  F  U  K  O  V  N  W
G  I  M  W  A  V  T  U  J  O  T  J  S  M
J  Y  L  R  W  D  A  E  A  N  P  A  W  L
```

ATMOSFERA	URAGAN
MUNJA	POPLAVA
GRMLJAVINA	POLARNI
SUHO	DUGA
SUŠA	OLUJA
NEBO	TEMPERATURA
LED	TORNADO
KLIMA	TROPSKI
MAGLA	VJETAR
MONSUN	OBLAK

21 - Strand

```
L V C G A Y K O G V U T A P
A F S D N B U Y W R Z H D R
G K C W W Z T B F P E R O M
U P O T O K A R S C L B G B
N R J O D R J S C A P A E I
A I E C R U Č N I K I Y V N
P S D E O Đ Y N D G J F B A
L T R A M B K O L M E N V W
I A I N D I T S R F S L S T
V N L H O F O T B C A M A Č
A I I N A R B O Š I K I M D
T Š C K F D A Š K O L J K E
I T A F E E L A D N A S K G
S E C N U S A S K B Y D K O
```

PLAVA

ČAMAC

PRISTANIŠTE

OTOK

RUČNIK

RAK

OBALA

LAGUNA

OCEAN

KIŠOBRAN

GREBEN

SANDALE

ŠKOLJKE

ODMOR

PIJESAK

MORE

JEDRILICA

SUNCE

PLIVATI

22 - Eten #2

```
E  M  N  F  B  Š  U  N  K  A  P  Š  S  J
B  C  Y  F  R  I  S  D  R  K  I  P  J  A
K  R  U  H  E  P  U  S  K  I  L  A  O  J
A  B  I  R  S  L  W  U  G  V  E  R  G  E
L  N  B  S  K  O  M  I  J  I  T  O  U  N
U  P  A  E  V  I  F  Đ  K  R  I  G  R  Z
K  I  A  N  A  N  A  N  A  B  N  A  T  W
O  I  C  T  A  D  R  S  P  I  A  E  K  T
R  H  I  P  L  S  M  A  G  R  O  Ž  Đ  E
B  H  N  T  J  I  E  T  J  P  G  A  L  L
B  N  E  A  K  N  D  T  A  Č  F  S  H  L
A  G  Š  D  M  Đ  A  Ž  I  R  I  Đ  G  P
J  K  P  O  V  E  B  U  A  D  I  C  K  K
J  A  B  U  K  A  M  S  K  N  H  I  A  L
```

BADEM	ŠUNKA
ANANAS	SIR
JABUKA	PILETINA
ŠPAROGA	KIVI
PATLIDŽAN	BRESKVA
BANANA	RIŽA
BROKULA	PŠENICA
KRUH	RAJČICA
GROŽĐE	RIBA
JAJE	JOGURT

23 - Klimmen

```
V C V O D I Č I S A G A N S
T I L E J L U U H J G Y M Š
B K S C V P K Z S L J W K P
Z Č S I M H I A T E T Z Č I
L I U V N U Z V C Ž S I I L
I Z Z A U A A F N I S D Z J
H I I K A I Z E M T G P M A
O F T U H A O K R A Đ A E L
K B I R S R V J H N E R E T
A C U G B J I A E Z F Y Y L
R B J K S T R U Č N J A K H
T B C W A R E F S O M T A K
A S T A B I L N O S T T E R
U L O Z L J E D A P W A K A
```

ATMOSFERA
STRUČNJAK
FIZIČKI
VODIČI
ŠPILJA
RUKAVICE
KACIGA
VISINA
KARTA

SNAGA
ČIZME
OZLJEDA
ZNATIŽELJA
OBUKA
SUZITI
STABILNOST
TEREN
IZAZOVI

24 - Restaurant #1

```
K  A  M  U  B  A  J  I  G  R  E  L  A  F
I  U  D  E  S  E  R  T  J  E  N  O  Ž  O
K  C  H  S  W  A  R  B  E  Z  S  V  A  J
I  Z  N  I  I  L  C  L  L  E  A  K  B  E
N  K  G  R  N  E  E  A  O  R  S  E  F  S
J  B  O  K  W  J  S  W  V  V  T  N  H  T
A  B  N  N  S  D  A  A  N  A  O  U  Z  I
G  K  H  J  O  Z  H  Y  I  C  J  F  B  D
A  N  U  H  N  B  L  S  K  I  C  P  Y  T
L  A  R  T  R  F  A  U  P  J  I  Z  E  V
B  J  K  F  N  H  V  R  M  A  N  A  R  H
G  J  M  M  E  I  A  B  I  M  E  S  O  E
T  A  N  J  U  R  K  U  W  C  I  T  H  G
P  I  L  E  T  I  N  A  F  G  A  F  Y  P
```

ALERGIJA	JELOVNIK
TANJUR	NOŽ
KRUH	AKUTNI
JESTI	REZERVACIJA
SASTOJCI	UMAK
BLAGAJNIK	KONOBARICA
KUHINJA	UBRUS
PILETINA	DESERT
KAVA	MESO
ZDJELA	HRANA

25 - Geologie

```
K  W  Đ  W  A  N  C  N  K  Y  C  T  K  K
O  K  U  Y  P  B  F  J  R  H  B  T  A  O
R  A  F  R  R  L  R  B  I  Z  P  B  M  N
A  O  P  F  O  S  I  L  S  C  Y  E  E  T
L  P  K  L  O  S  V  L  T  Y  L  H  N  I
J  E  I  K  A  N  O  Z  A  J  I  A  F  N
A  R  S  V  A  T  Đ  E  L  S  P  P  K  E
V  O  E  A  G  W  O  Y  I  E  D  H  Z  N
A  Z  L  R  E  K  A  V  E  R  N  A  F  T
L  I  I  C  J  O  L  S  Y  T  A  U  I  O
E  J  N  J  Z  P  G  F  T  O  K  C  J  L
T  A  A  L  I  R  U  H  B  P  L  C  P  R
R  A  H  W  R  A  V  J  B  K  U  L  U  B
S  T  A  L  A  K  T  I  T  Y  V  Z  N  Đ
```

POTRES
KALCIJ
KONTINENT
EROZIJA
FOSIL
GEJZIR
KAVERNA
KORALJA
KRISTALI
KVARC

SLOJ
LAVA
PLATO
STALAKTIT
KAMEN
VULKAN
ZONA
SOL
KISELINA

26 - Specerijen

```
I F S L C P V C U R R Y M K
E Đ T V I A A Đ N L Y I Đ O
A P T O M P N Z R E F V G R
W W F D E R I K T Č Đ K T I
C Đ T S T I L O P A P A R J
Z G Z O W K I K M R A J K A
G O R A K A J U E O N N A N
B K S I R Š A S Y M I Š R D
A T E M B K A E K O S E D E
U A S O L M U F I K D Č A R
Y L I W P B U M R V J T M U
S S J I O H F Đ I A G E O E
P I S K A V I C A N N J M J
I K U R K U M A L U K N G M
```

ANIS
GORAK
PISKAVICA
ĐUMBIR
CIMET
KARDAMOM
CURRY
ČEŠNJAK
KUMIN
KORIJANDER

KURKUMA
PAPRIKA
PAPAR
ŠAFRAN
OKUS
LUK
VANILIJA
KOMORAČ
SLATKO
SOL

27 - Groenten

```
R K M A S L I N A C M Č G D
A E L A J A Z C V E R E S I
K O P J R C S G E L K Š K D
V V B A Z I O S D E V N T K
S M N Đ V B B N R A J Đ R
F M G B J K S T U W A A V A
A L M A O T I C B L L K T S
Đ U C P I O V H E Đ U P Š T
U K G E A R T I Č O K A P A
M Z R R T V E Z T B O P I V
B R A Š A C I Č J A R G N A
I E Š I L P U J K D B K A C
R L A N A Ž D I L T A P T M
K O K P S F W S H G I E G P
```

ARTIČOKA	BUNDEVA
PATLIDŽAN	REPA
BROKULA	ROTKVICA
GRAŠAK	SALATA
ĐUMBIR	CELER
ČEŠNJAK	ŠPINAT
KRASTAVAC	RAJČICA
MASLINA	LUK
GLJIVA	MRKVA
PERŠIN	

28 - Archeologie

```
C I V I L I Z A C I J A V P
P R O F E S O R P Y O S Y O
E V A L U A C I J A Đ G M T
M O T L K I A J B D P O R O
E E Đ Đ U B J B K O S T I M
R E L I K V I J A A R B T A
N M I T R G R K J A P G K K
E U S N J O E Đ N W K L E P
P M O E V D T O Č N J Y J L
O N F M P I S I U H T D B D
Z T F G E N I K R E R T O U
N J C A K E M A T W V A I T
A N O R D O B A S D L Z M M
T S F F A N A L I Z A A V M
```

ANALIZA
CIVILIZACIJA
KOSTI
STRUČNJAK
EVALUACIJA
FOSIL
FRAGMENTI
GROB
GODINE

MISTERIJA
POTOMAK
OBJEKTI
NEPOZNAT
PROFESOR
RELIKVIJA
TIM
HRAM
DOBA

29 - Dans

```
C F V E V E T T S O L I M D
R A G Y I M O R T I J E L O
F I P W D O A A R U T L U K
Y V T V N C Y D E K S V W A
Z A L A I I G I N U O L K K
Y B B R M J W C T L N G L A
R O I Y J A D I R T T L A D
D R Ž A N J E O A U E A S E
P P A Đ B T C N P R J Z I M
P O K R E T Z A H N M B Č I
F N Z L W S H L B I U A N J
W S H R T S S A S K O K I A
K G E L N K V N H S O Z L A
K O R E O G R A F I J A T D
```

AKADEMIJA	UMJETNOST
POKRET	TIJELO
KOREOGRAFIJA	GLAZBA
KULTURNI	PARTNER
KULTURA	PROBA
EMOCIJA	RITAM
MILOST	SKOK
DRŽANJE	TRADICIONALAN
KLASIČNI	VIDNI

30 - Mythologie

```
K R Z L H G N U B U F D H S
P A D A P R U C N E B O P M
J T T B G M R F M I L T C R
B N H I E L Đ Đ A U V D C T
H I L R J J J W J Y N E T N
Č K V I N A G A N S L J F I
A U B N E V H M I T J N A K
D R D T R I F Y K V U A R W
N K H O O N M P A A B Š U O
E T P E V A I S N R O A T S
G Đ L Đ T I I F U A M N L V
E M N Z S I Š C J N O O U E
L J U N A K P T U J R P K T
J V E C U S W R E E A P Đ A
```

ARHETIP
MUNJA
STVARANJE
KULTURA
GRMLJAVINA
LABIRINT
PONAŠANJE
JUNAK
JUNAKINJA

NEBO
LJUBOMORA
SNAGA
RATNIK
LEGENDA
ČUDOVIŠTE
SMRTNIK
STVORENJE
OSVETA

31 - Eten #1

```
K  S  P  B  L  P  T  S  A  M  L  W  J  G
A  O  S  E  M  T  W  E  Z  R  W  U  O  R
D  K  J  E  Č  A  M  B  L  K  L  S  K  B
O  A  R  W  O  P  O  Z  C  V  D  A  E  O
Y  J  T  F  G  A  T  A  L  A  S  D  J  S
P  N  A  C  I  L  E  R  A  M  V  O  I  I
P  Š  A  L  H  K  M  T  T  E  V  G  L  L
S  E  F  N  U  M  I  L  U  J  N  A  M  J
O  Č  Đ  Đ  W  Š  C  K  Y  E  E  J  T  A
L  O  V  J  C  Đ  P  Z  I  A  N  U  T  K
K  R  U  Š  K  A  V  I  L  R  W  H  A  A
N  Đ  P  U  K  G  W  Z  N  J  I  A  N  Z
N  O  J  W  Š  E  Ć  E  R  A  K  K  H  Y
Z  A  L  N  E  T  Y  W  I  F  T  K  I  W
```

JAGODA	SALATA
MARELICA	SOK
BOSILJAK	JUHA
LIMUN	ŠPINAT
JEČAM	ŠEĆER
CIMET	TUNA
ČEŠNJAK	LUK
MLIJEKO	MESO
KRUŠKA	MRKVA
KIKIRIKI	SOL

32 - Avontuur

```
T A K T I V N O S T L S R N
P E N A V I G A C I J A A E
I U Š H R A B R O S T L D O
E Z T K M Z I D V W E L O B
N B A O O L J E P O T A S I
T K D Z V Ć K H T B Š I T Č
U V O T O A A K I L I R P N
Z O R R G V N U W V D F R O
I N I E F Z I J C T E L Z I
J O R Z Đ W I Z A E R K O V
A K P O P A S N O B D H O N
Z S I G U R N O S T O Z B O
A M E R P I R P Z B I I Đ V
M I Z N E N A Đ U J U Ć I O
```

AKTIVNOST
ODREDIŠTE
ENTUZIJAZAM
IZLET
OPASNO
PRILIKA
HRABROST
TEŠKOĆA
PRIRODA
NAVIGACIJA

NOVO
NEOBIČNO
PUTOVANJA
LJEPOTA
IZAZOVI
SIGURNOST
IZNENAĐUJUĆI
PRIPREMA
RADOST

33 - Circus

```
G  E  L  F  T  U  F  P  M  I  T  S  O  K
Č  L  O  B  A  C  I  N  Z  A  L  U  F  V
A  K  E  V  W  G  C  S  T  G  J  B  K  E
R  L  G  D  V  B  O  M  B  O  N  M  C  M
O  A  L  R  A  G  I  T  H  K  G  E  U  I
B  U  A  O  D  T  A  B  O  R  K  A  L  N
N  N  Z  T  A  W  E  M  O  Y  C  J  A  O
J  O  B  A  R  G  D  L  G  Y  S  I  V  L
A  L  Š  A  E  G  R  J  V  Y  G  H  A
K  S  A  I  P  K  Đ  R  E  S  L  A  H  B
M  E  R  S  F  M  I  S  F  K  C  M  S  N
R  N  M  S  W  N  S  R  E  L  G  N  O  Ž
U  T  Đ  G  Ž  I  V  O  T  I  N  J  E  M
Z  A  B  A  V  L  J  A  T  I  V  A  M  F
```

MAJMUN	MAGIJA
AKROBAT	GLAZBA
BALONI	SLON
KLAUN	PARADA
ŽIVOTINJE	BOMBON
ČAROBNJAK	ŠATOR
ŽONGLER	TIGAR
ULAZNICA	GLEDATELJ
KOSTIM	TRIK
LAV	ZABAVLJATI

34 - Restaurant #2

```
I  J  P  R  E  Z  A  N  C  I  Y  W  P  L
V  I  U  I  N  I  Č  A  Z  Y  N  B  I  L
K  J  T  H  Ć  B  U  E  R  C  R  B  Z  U
O  C  M  I  A  E  Ć  R  V  O  P  N  U  G
I  O  K  T  J  N  V  N  C  Z  V  S  I  Y
W  T  A  G  A  T  A  L  A  S  V  O  H  Y
Z  D  Č  O  J  Z  B  D  C  M  E  J  D  T
G  N  U  V  A  C  I  L  I  V  Č  I  F  A
T  O  R  T  A  C  R  O  L  U  E  L  E  D
A  U  J  Đ  C  A  M  S  O  K  R  W  O  Đ
M  Đ  U  T  I  F  J  L  T  U  A  G  I  R
Đ  G  J  Y  L  K  Y  U  S  S  V  O  Ć  E
H  A  G  W  Ž  A  Z  A  J  N  I  N  E  V
K  O  N  O  B  A  R  G  E  O  A  J  Z  W
```

TORTA	REZANCI
VEČERA	KONOBAR
PIĆE	SALATA
JAJA	JUHA
VOĆE	ZAČINI
POVRĆE	STOLICA
UKUSNO	RIBA
LED	VILICA
ŽLICA	VODA
RUČAK	SOL

35 - De Media

```
T E L E V I Z I J A V C L N
E J N A D Z I P A F J A E D
O I Đ J S J I L O K A L N I
I B O I B N Y I J Č Ž A I K
N D R C W V V J E A E U V Č
D I M A S E F I C S R T O A
U G I K Z O T N I O M K N V
S I Š I O O I I N P J E N O
T T L N R B V L E I Y L I G
R A J U A T O A J S G E L R
I L E M D J V N N I F T N T
J N N O I K A W I J J N O Đ
A I J K O Z T H Č K E I H R
Y L E W Đ T S O N V A J P R
```

TRGOVAČKI
KOMUNIKACIJA
DIGITALNI
IZDANJE
ČINJENICE
STAVOVI
INDUSTRIJA
INTELEKTUALAC
NOVINE

LOKALNI
MIŠLJENJE
MREŽA
OBRAZOVANJE
NA LINIJI
JAVNOST
RADIO
TELEVIZIJA
ČASOPISI

36 - Bijen

```
Z  A  M  Đ  C  I  T  V  K  V  L  Č  P  K
W  V  E  Y  L  P  E  O  V  R  G  A  E  O
K  Y  D  B  M  M  Ć  Ć  K  T  M  V  L  R
C  V  I  J  E  T  E  E  T  H  H  I  U  I
L  W  J  L  M  L  J  O  R  H  Đ  Š  D  S
R  A  Z  N  O  L  I  K  O  S  T  A  F  N
K  S  K  O  U  I  V  H  S  M  B  R  T  O
D  U  G  Y  H  G  C  H  R  C  P  P  V  K
Y  V  K  I  F  D  N  K  K  A  S  O  V  O
S  N  G  A  L  I  R  K  J  N  N  M  M  Š
K  C  T  A  C  I  J  L  A  R  K  A  T  N
S  T  A  N  I  Š  T  E  M  S  C  N  A  I
U  Y  R  V  C  S  U  N  C  E  Z  S  D  C
E  K  O  S  U  S  T  A  V  F  Y  R  C  A
```

OPRAŠIVAČ	KRALJICA
KOŠNICA	DIM
CVIJEĆE	PELUD
CVIJET	VRT
RAZNOLIKOST	KRILA
EKOSUSTAV	HRANA
VOĆE	KORISNO
STANIŠTE	VOSAK
MED	SUNCE
KUKAC	ROJ

37 - Wandelen

```
P  Đ  M  A  Đ  A  M  I  L  K  R  K  V  P
K  R  Z  O  Y  D  T  E  Š  K  A  A  C  A
P  A  I  T  S  O  N  S  A  P  O  M  L  R
L  D  M  P  K  V  D  K  C  A  B  P  V  K
A  O  F  E  R  D  H  R  I  H  I  I  R  O
N  R  Z  M  N  E  O  S  T  C  M  R  I  V
I  I  D  Z  D  J  M  Z  I  D  R  A  J  I
N  R  I  I  U  K  E  A  L  I  A  N  E  N
A  P  O  Č  S  U  N  C  E  V  L  J  M  R
K  O  M  A  R  C  I  K  Đ  L  P  E  E  O
K  A  R  T  A  F  E  S  C  J  V  O  J  M
A  K  E  J  N  I  T  O  V  I  Ž  J  L  U
N  O  R  I  J  E  N  T  A  C  I  J  A  T
Z  G  U  G  Z  G  B  C  T  G  N  R  R  S
```

PLANINA	PRIRODA
ŽIVOTINJE	ORIJENTACIJA
OPASNOSTI	PARKOVI
KARTA	KAMENJE
KAMPIRANJE	PRIPREMA
LITICA	VODA
KLIMA	VRIJEME
ČIZME	DIVLJI
UMORNI	SUNCE
KOMARCI	TEŠKA

38 - Ecologie

```
P  B  S  D  P  M  F  O  W  I  A  L  C  M
N  O  I  I  E  Đ  A  M  I  L  K  G  V  T
K  D  M  L  Đ  V  U  B  Z  L  Đ  W  J  G
R  G  G  O  J  O  N  W  L  A  R  O  L  F
P  M  Z  P  R  E  A  D  O  R  I  R  P  Z
O  R  T  A  T  S  R  V  C  A  E  J  K  A
N  L  I  U  S  T  K  H  T  V  E  R  J  J
L  F  H  R  G  Z  T  I  I  Č  T  G  U  E
A  M  Y  F  O  R  V  N  Z  O  Š  Y  V  D
B  Đ  L  Đ  U  D  Y  V  V  M  I  J  S  N
O  D  R  Ž  I  V  N  I  W  Y  N  O  U  I
L  T  S  O  K  I  L  O  N  Z  A  R  Š  C
G  H  P  L  A  N  I  N  E  I  T  M  A  E
N  W  W  U  D  K  A  N  A  T  S  P  O  N
```

PLANINE	KLIMA
RAZNOLIKOST	POMORSKI
SUŠA	MOČVARA
ODRŽIV	PRIRODA
FAUNA	PRIRODNO
FLORA	OPSTANAK
ZAJEDNICE	BILJE
GLOBALNO	VRSTA
STANIŠTE	

39 - Landen #1

```
P  J  W  G  G  N  K  I  T  A  L  I  J  A
A  I  H  U  W  J  A  D  A  N  A  K  M  V
N  Z  M  K  D  E  M  K  Đ  Đ  W  A  E  G
A  R  D  E  D  M  B  L  A  T  V  I  J  A
M  A  B  E  C  A  O  I  L  J  Z  G  D  R
A  E  L  I  Č  Č  D  Z  G  I  E  S  A  A
E  L  U  P  U  K  Ž  A  I  H  B  K  U  K
H  W  D  Y  M  A  A  R  Y  Y  S  I  V  I
P  O  L  J  S  K  A  B  D  U  R  J  J  N
K  K  F  G  I  N  O  R  V  E  Š  K  A  A
Y  O  K  V  R  B  E  L  G  I  J  A  Đ  V
I  R  S  C  A  E  G  I  P  A  T  A  K  V
S  A  E  T  K  S  E  N  E  G  A  L  H  V
J  M  R  U  M  U  N  J  S  K  A  Đ  F  Z
```

BELGIJA	LATVIJA
BRAZIL	LIBIJA
KAMBODŽA	MAROKO
KANADA	NIKARAGVA
ČILE	NORVEŠKA
NJEMAČKA	PANAMA
EGIPAT	POLJSKA
IRAK	RUMUNJSKA
IZRAEL	SENEGAL
ITALIJA	

40 - Installaties

```
A  V  K  Š  B  O  B  I  C  A  I  C  F  W
C  E  T  U  L  I  Š  Ć  E  D  S  Z  S  C
N  G  L  M  G  G  A  R  P  N  A  G  G  V
B  E  I  A  N  I  V  O  H  A  M  Z  R  A
A  T  F  R  A  S  T  I  D  K  B  R  T  M
M  A  Y  L  K  R  R  K  B  R  D  F  R  M
B  C  W  D  O  R  V  C  O  C  V  N  A  T
U  I  O  K  V  R  N  Y  T  F  O  O  V  A
S  J  S  U  K  A  K  A  G  J  M  A  Đ
A  A  J  O  V  I  J  O  N  G  G  R  A  H
C  V  I  J  E  T  L  W  I  Z  W  W  U  B
N  M  F  C  H  B  Š  C  K  O  D  M  Y  E
L  I  S  T  P  U  R  E  A  Đ  K  B  K  P
S  R  M  G  T  V  B  K  O  R  I  J  E  N
```

BAMBUS	TRAVA
BOBICA	RASTI
LIST	BRŠLJAN
CVIJET	GNOJIVO
DRVO	MAHOVINA
GRAH	BOTANIKA
ŠUMA	GRM
KAKTUS	VRT
FLORA	VEGETACIJA
LIŠĆE	KORIJEN

41 - Oceaan

```
K Z T U E M E K V I Z F E M
A O Y M S E F E E S O T I O
R W R V B W T Đ G H O G P R
P R Č N E B E R G I R D M S
H I U A J L A R O K I D A K
T B A M M A C I N E M A K I
U A J S E A Č A L G E V Š P
N O N K M M C A O P F Ž A A
A Z F S I T G J S J D U Z S
I L Y R L T P U V N I P U D
L S J T P T C L W G D S D W
J E G U L J A O M C S W E G
H O B O T N I C A D W M M L
Z V Đ I Y E U D Z E O H Z O
```

JEGULJA	HOBOTNICA
ALGE	KAMENICA
ČAMAC	GREBEN
DUPIN	KORNJAČA
ŠKAMPI	SPUŽVA
PLIME	OLUJA
MORSKI PAS	TUNA
KORALJA	RIBA
RAK	KIT
MEDUZA	SOL

42 - Landen #2

```
L  F  I  M  M  D  G  V  T  G  U  S  S  K
I  R  N  E  N  A  J  I  R  E  G  I  N  J
B  A  D  K  M  N  A  P  A  J  B  H  Y  L
E  N  O  S  U  S  J  O  G  R  Č  K  A  C
R  C  N  I  O  K  S  B  G  L  P  M  A  I
I  U  E  K  K  A  U  K  R  A  J  I  N  A
J  S  Z  O  O  T  L  C  A  P  L  M  E  J
A  K  I  U  G  A  N  D  A  E  I  A  H  I
E  A  J  Y  B  P  K  D  I  N  B  L  A  P
K  P  A  D  S  N  H  S  O  M  A  E  J  O
S  O  M  A  L  I  J  A  R  A  N  Z  F  I
K  E  N  I  J  A  I  F  V  I  O  I  U  T
R  U  S  I  J  A  A  U  Z  L  N  J  D  E
N  K  W  P  R  S  I  R  I  J  A  A  H  F
```

DANSKA	LIBERIJA
ETIOPIJA	MALEZIJA
FRANCUSKA	MEKSIKO
GRČKA	NEPAL
IRSKA	NIGERIJA
INDONEZIJA	UGANDA
JAPAN	UKRAJINA
KENIJA	RUSIJA
LAOS	SOMALIJA
LIBANON	SIRIJA

43 - Bloemen

```
Z Đ W R U Ž O B O Đ E L H L
S A E S S I C R A N O V D A
N B T V T T Y Z H Z L N H V
G A R D E N I J A I O Y H A
L C I A K M F A O D D H S N
P I Z O U B A R U Ž A E R D
L T L N B Đ K G L D B S J A
U A O A A C A J N L E U T A
M L D N M A Č I A O M K A M
E L J I L J A N P A L S K N
R G Y M I Y L H I S A I E H
I W U S H G S F L U H B J V
J Đ F A L O A T U P L I B A
A L M J Đ G M D T W Z H V M
```

LATICA	NARCIS
BUKET	ORHIDEJA
GARDENIJA	MASLAČAK
HIBISKUS	MAK
JASMIN	BOŽUR
LAVANDA	PLUMERIJA
LJILJAN	RUŽA
LILA	TULIPAN
MAGNOLIJA	

44 - Huisdieren

```
B P M W L C I A W R F S P T
L A Z O K A Č R H A V I M O
O P E W R D K K M W U O U O
J I Ž O T O S V S R A V Z V
F G D Š Z V W Đ W E A R D Z
R A N I R E T E V B I A W I
R C A M K R A V A S T T Y T
S E K Đ A N A R H O W N R M
O Z P D W Č R S N K Đ I I O
L I P V B B E Š A P E K B A
M A Č K A B I B S P N O A K
K O R N J A Č A N I E E T U
N N N T T E N P J O T W E O
G U Š T E R Y Z J W Š Y L Y
```

VETERINAR	OVRATNIK
KOZA	MIŠ
GUŠTER	PAPIGA
HRČAK	ŠAPE
PAS	ŠTENE
MAČKA	KORNJAČA
MAČE	REP
KANDŽE	RIBA
KRAVA	HRANA
ZEC	VODA

45 - Landschappen

```
M D G U G F K O T O U L O P
O O K G T M Đ N W C J E U A
Č S V O D O P A D Y J D B J
V U P R T Z A K N A S E R R
A N A E C O P L Y I Y N D W
R T L Z O R F U E K N A O L
A E Đ Đ R L G V G Z G A R S
P K A J N E D E L T E J L N
L B K D O L I N A U J L V P
A C E O M O R E V N Z I A Z
Ž Y J W A G U M S D I P C D
A I I P H Z M G A R R Š T E
O P R Y L P A H T A R O C T
P U S T I N J A I R H T Đ B
```

PLANINA
OTOK
GEJZIR
LEDENJAK
ŠPILJA
BRDO
LEDENA
JEZERO
MOČVARA
OAZA

OCEAN
RIJEKA
POLUOTOK
PLAŽA
TUNDRA
DOLINA
VULKAN
VODOPAD
PUSTINJA
MORE

46 - Tuin

```
V  T  V  I  B  D  Y  K  H  A  V  H  D  Đ
C  O  H  R  Đ  G  G  A  O  Z  A  R  U  O
R  F  Ć  G  B  F  H  J  G  R  Z  I  D  G
I  V  U  N  O  D  C  N  R  P  O  B  A  R
J  I  G  K  J  V  O  V  M  U  L  V  M  A
E  H  W  Đ  T  A  P  A  S  A  R  E  T  D
V  C  B  P  R  T  K  R  U  P  B  J  E  A
O  V  G  P  A  A  W  T  J  U  D  R  J  Ž
Z  B  I  S  V  P  D  O  Đ  L  V  H  I  A
B  S  P  S  A  O  Z  A  L  K  B  V  V  R
D  R  V  O  E  L  V  R  T  Y  M  U  C  A
L  H  R  O  I  Ć  R  I  B  N  J  A  K  G
N  I  L  O  P  M  A  R  T  U  A  Z  V  N
S  T  I  J  E  N  E  G  R  A  B  L  J  E
```

KLUPA	KOROV
CVIJET	STIJENE
DRVO	LOPATA
VOĆNJAK	CRIJEVO
GARAŽA	GRM
TRAVNJAK	TERASA
TRAVA	TRAMPOLIN
VISEĆA	VRT
GRABLJE	RIBNJAK
OGRADA	LOZA

47 - Beroepen #2

```
I  N  O  V  I  N  A  R  K  C  K  N  U  V
B  Z  Z  O  O  L  O  G  T  R  I  Č  I  I
I  S  U  L  Y  A  S  T  R  O  N  A  U  T
O  L  B  M  K  V  K  W  A  T  Č  V  I  K
L  I  D  S  I  W  E  D  B  A  E  I  I  E
O  K  J  L  E  T  I  Č  U  R  J  Ž  R  T
G  A  V  G  L  K  E  A  Z  T  I  A  B  E
R  R  P  R  Y  H  E  L  K  S  L  R  F  D
U  B  I  I  T  N  G  I  J  U  A  T  I  K
R  E  R  C  L  L  Đ  H  S  L  O  S  L  U
I  Đ  T  R  M  O  A  S  Y  I  N  I  O  M
K  B  A  J  O  I  T  R  U  L  I  U  Z  J
J  E  Z  I  K  O  S  L  O  V  A  C  O  J
K  N  J  I  Ž  N  I  Č  A  R  E  A  F  C
```

LIJEČNIK	UČITELJ
ASTRONAUT	JEZIKOSLOVAC
KNJIŽNIČAR	ISTRAŽIVAČ
BIOLOG	PILOT
KIRURG	SLIKAR
DETEKTIV	ZUBAR
FILOZOF	VRTLAR
ILUSTRATOR	IZUMITELJ
NOVINAR	ZOOLOG

48 - Dagen en Maanden

```
S  I  J  E  Č  A  N  J  J  Y  S  O  H  P
P  O  N  E  D  J  E  L  J  A  K  C  L  G
O  D  C  B  O  N  A  J  U  R  L  H  R  Č
E  K  R  P  E  T  A  K  A  R  O  T  U  E
B  P  M  L  U  G  T  D  D  K  H  K  M  T
V  Y  B  A  F  O  O  A  E  A  M  O  J  V
K  E  A  J  L  D  B  P  J  J  O  L  E  R
S  A  L  H  V  I  U  O  I  U  T  O  S  T
T  H  L  J  C  N  S  T  R  Ž  R  V  E  A
U  P  M  E  A  A  P  S  S  O  Y  O  C  K
D  L  D  J  N  Č  G  I  M  V  J  Z  F  W
E  H  U  T  G  D  A  L  F  E  Y  R  S  L
N  Đ  Đ  D  J  N  A  P  R  S  P  W  A  U
I  D  G  G  G  A  V  R  L  I  P  A  N  J
```

KOLOVOZ	PONEDJELJAK
UTORAK	OŽUJAK
ČETVRTAK	STUDENI
VELJAČA	LISTOPAD
GODINA	RUJAN
SIJEČANJ	PETAK
SRPANJ	TJEDAN
LIPANJ	SRIJEDA
KALENDAR	SUBOTA
MJESEC	

49 - Tuinieren

```
W  K  V  D  I  H  C  W  R  T  G  K  K  B
R  H  W  A  G  A  L  V  V  O  D  A  O  U
K  O  M  P  O  S  T  G  I  D  P  T  N  K
U  S  B  A  R  Z  R  R  A  J  B  H  T  E
J  J  I  N  K  S  P  G  V  K  E  M  E  T
D  O  K  I  C  V  J  E  T  N  I  T  J  U
V  R  S  T  A  R  A  P  A  G  C  S  N  J
V  P  N  Š  S  H  M  I  O  T  P  I  E  E
O  L  O  V  E  J  I  R  C  K  T  L  R  S
Ć  V  Z  A  B  M  L  I  Š  Ć  E  L  Z  T
N  N  E  J  I  O  K  I  Y  G  L  Z  O  I
J  A  S  L  E  G  Z  O  T  I  Č  N  O  V
A  N  U  R  B  O  T  A  N  I  Č  K  I  O
K  B  M  P  S  J  E  M  E  N  K  E  F  C
```

LIST	EGZOTIČNO
CVJETNI	LIŠĆE
CVIJET	KLIMA
TLO	SEZONSKI
BUKET	CRIJEVO
VOĆNJAK	VRSTA
BOTANIČKI	VLAGA
KOMPOST	PRLJAVŠTINA
KONTEJNER	VODA
JESTIVO	SJEMENKE

50 - Menselijk Lichaam

```
E  K  Đ  Đ  Ž  M  O  Z  A  K  K  P  R  S
F  K  I  Z  E  J  S  Z  V  B  O  R  A  D
F  H  I  M  L  R  P  H  A  A  L  S  M  T
B  P  O  H  U  Đ  M  N  L  L  J  T  E  H
H  R  Y  N  D  R  T  Đ  G  N  E  B  C  J
V  Đ  U  C  A  Ž  O  K  L  W  N  P  R  Đ
K  S  B  K  C  B  I  B  P  Z  O  K  S  H
U  N  M  K  A  Č  R  G  L  E  Ž  A  N  J
J  S  D  R  G  E  G  A  F  F  S  E  Đ  S
E  T  T  V  O  L  B  H  D  L  A  K  A  T
L  G  C  A  N  J  O  J  Y  A  J  V  V  J
H  K  D  J  O  U  R  O  V  G  C  B  U  Đ
C  J  N  B  T  S  O  N  A  K  R  W  Z  Z
B  W  E  E  L  T  A  R  V  C  U  V  O  V
```

NOGA	BRADA
KRV	KOLJENO
LAKAT	ŽELUDAC
GLEŽANJ	USTA
RUKA	VRAT
SRCE	NOS
MOZAK	UHO
GLAVA	RAME
KOŽA	JEZIK
ČELJUST	PRST

51 - Energie

```
I N D U S T R I J A G Y T B
E L E K T R I Č N I O Đ U A
T M F W G G J I Z G R Đ R T
M O T O R P G S V Đ I Z B E
Z Š P H R A T E J V V A I R
K I Z G Đ R Z G G Z O G N I
T L P G Y A V O D I K A A J
L O N U K L E A R N I Đ U A
W K P E L E K T R O N E G H
F O Y L E Z I D U V U N L O
O F A J I P O R T N E J J L
T D W W R N I Z N E B E I C
O B F Z J C A R C C V N K S
N O B N O V L J I V V G T M
```

BATERIJA
BENZIN
GORIVO
DIZEL
ELEKTRIČNI
ELEKTRON
ENTROPIJA
FOTON
OBNOVLJIV
INDUSTRIJA

UGLJIK
MOTOR
NUKLEARNI
OKOLIŠ
PARA
TURBINA
ZAGAĐENJE
TOPLINA
VODIK
VJETAR

52 - Familie

```
D  E  J  D  S  N  E  Ć  A  K  N  O  K  O
J  T  T  E  U  Z  W  K  I  U  E  Č  Ć  P
E  I  R  U  P  S  P  T  O  N  Ć  I  I  I
T  A  R  B  R  W  N  H  Y  U  A  N  S  L
I  O  I  Ž  U  M  R  Z  D  D  K  S  R  E
N  P  O  M  G  B  A  Y  R  R  I  K  V  Z
J  O  N  L  A  C  E  J  D  B  N  I  H  G
S  T  E  T  K  A  W  N  K  Đ  J  U  K  K
T  L  T  Đ  A  L  Y  O  E  A  A  H  P  S
V  V  E  P  B  J  W  D  T  K  E  Y  U  C
O  I  J  C  F  U  E  L  K  A  J  U  N  U
Z  K  I  S  E  S  T  R  A  J  C  B  U  E
E  U  D  Đ  P  R  U  P  U  L  E  L  Č  K
P  R  E  D  A  K  Đ  B  C  Z  G  C  E  Z
```

BRAT	NEĆAK
KĆI	NEĆAKINJA
BAKA	UJAK
DJETINJSTVO	DJED
DIJETE	TETKA
DJECA	OTAC
UNUČE	OČINSKI
UNUK	PREDAK
MUŽ	SUPRUGA
MAJKA	SESTRA

53 - Gebouwen

```
T  W  F  G  M  F  K  K  T  O  R  A  N  J
V  W  I  I  U  J  C  P  A  J  A  T  S  D
O  N  I  K  Z  Š  W  Đ  O  B  C  S  V  E
R  U  W  I  E  A  L  O  K  Š  I  E  H  T
N  A  T  S  J  T  E  L  D  D  N  N  A  Š
I  F  M  A  T  O  T  B  C  P  L  T  A  I
C  O  A  J  I  R  O  T  A  R  O  B  A  L
A  E  N  R  Y  D  H  G  R  T  B  Y  S  A
H  B  K  R  M  M  L  C  O  M  C  K  T  Z
C  F  N  Y  G  A  I  I  V  W  A  K  A  A
G  I  G  A  R  A  Ž  A  D  A  W  J  D  K
Z  V  J  E  Z  D  A  R  N  I  C  A  I  S
S  U  P  E  R  M  A  R  K  E  T  P  O  R
S  V  E  U  Č  I  L  I  Š  T  E  D  N  O
```

STAN	ZVJEZDARNICA
KINO	ŠKOLA
FARMA	STAJA
KABINA	STADION
TVORNICA	SUPERMARKET
GARAŽA	ŠATOR
HOTEL	KAZALIŠTE
DVORAC	TORANJ
LABORATORIJ	SVEUČILIŠTE
MUZEJ	BOLNICA

54 - Beroepen #1

```
D  P  C  R  A  Č  I  N  A  H  E  M  S  O
L  G  U  A  G  E  O  L  O  G  M  J  P  F
G  T  K  T  A  Y  B  H  F  S  G  B  O  U
A  L  V  A  T  R  O  G  A  S  A  C  R  E
A  M  A  L  I  I  W  J  R  P  C  U  T  C
M  S  B  Z  U  F  J  H  G  S  I  R  A  V
A  T  T  A  B  J  J  Đ  O  I  Č  E  Š  E
B  C  S  R  S  E  C  A  T  H  A  D  U  T
A  S  I  D  O  A  N  H  R  O  S  N  N  E
N  Y  N  H  G  N  D  I  A  L  E  I  Z  R
K  C  A  V  O  L  O  O  K  O  L  K  J  I
A  S  J  B  S  F  G  M  R  G  P  V  B  N
R  N  I  W  L  I  J  E  Č  N  I  K  H  A
F  O  P  L  J  E  K  A  R  N  I  K  Y  R
```

AMBASADOR	LIJEČNIK
LJEKARNIK	UREDNIK
ASTRONOM	GEOLOG
SPORTAŠ	LOVAC
BANKAR	ZLATAR
VATROGASAC	MEHANIČAR
KARTOGRAF	GLAZBENIK
PLESAČICA	PIJANIST
VETERINAR	PSIHOLOG

55 - Antarctica

```
E Z T S I O K O B O K P C G
K A E A L K E L T G B T T E
S L M I V O G Y N L O L U O
P J P L Y L D A E D A D W G
E E E A T I V O N E J T S R
D V R R D Š O O I L I Z L A
I T A E P O S B T O F N E F
C F T N C V V L N T A A D I
I Z U I D Đ G A O O R N E J
J O R M H L O C K C G S N A
A B A K Z M I I F I O T J U
I S T R A Ž I V A Č P V A I
M I G R A C I J A M O E C Z
P O L U O T O K L A T N I L
```

ZALJEV
KONTINENT
OTOCI
EKSPEDICIJA
GEOGRAFIJA
LEDENJACI
LED
MIGRACIJA
MINERALI

OKOLIŠ
ISTRAŽIVAČ
STJENOVITA
POLUOTOK
TEMPERATURA
TOPOGRAFIJA
VODA
ZNANSTVEN
OBLACI

56 - Ballet

```
G  I  Z  R  A  Ž  A  J  A  N  L  I  T  S
L  E  B  A  L  E  R  I  N  A  C  N  A  S
W  Y  S  Y  P  U  B  L  I  K  A  T  V  K
G  E  T  T  P  Y  W  J  V  V  O  E  S  L
O  R  E  Z  A  B  O  R  P  T  R  N  P  A
U  L  A  L  I  B  L  J  G  P  K  Z  L  D
R  K  P  C  Ć  C  O  C  L  L  E  I  J  A
P  S  A  E  I  P  L  R  A  E  S  T  E  T
K  R  Z  C  Š  O  Y  H  Z  S  T  E  S  E
T  T  A  F  I  U  Z  H  B  A  A  T  A  L
M  T  I  K  M  D  F  A  A  Č  R  D  K  J
A  Y  S  J  S  P  E  L  N  I  I  I  O  T
R  I  T  A  M  A  T  E  H  N  I  K  A  T
U  M  J  E  T  N  I  Č  K  I  G  R  F  U
```

PLJESAK	ORKESTAR
UMJETNIČKI	PRAKSA
BALERINA	PUBLIKA
SKLADATELJ	PROBA
PLESAČI	RITAM
IZRAŽAJAN	GRACIOZAN
GESTA	MIŠIĆI
INTENZITET	STIL
GLAZBA	TEHNIKA

57 - Vissen

```
P U P K T S U J L E Č N G Đ
K J R O E Y L M U M G V K H
M W E V Ž P B Y T Y P R S W
Č W T Ž I K U H A T I B K W
A B J I N N S C T L M P B Š
M B E C A M A M R I J E K A
A K R A S T R P L J E N J E
C K I Đ J D Z Đ O R E Z E J
L I V P K H N A L C D C H A
Y N A N L G T D E Z E A A R
T J N E K A N O Z E S A E E
E Y J P G K Ž V M J K G N P
S G E R P U H A R A Š O K J
T M D D Y K O P R E M A S G
```

MAMAC   KOŠARA
OPREMA   JEZERO
ČAMAC   OCEAN
ŽICA   PRETJERIVANJE
STRPLJENJE   RIJEKA
TEŽINA   SEZONA
KUKA   PLAŽA
ČELJUST   PERAJE
ŠKRGE   VODA
KUHATI

58 - Fruit

```
S H E P J A N A N A S M S M
P Đ Đ G A M F N E J T A M A
N U Ž T B I A A Đ N R R O L
Đ A O D U O C N J I E E K I
S T R G K L I A G D Š L V N
O D G A A V B B W O N I A A
K H A H N T O W Đ D J C D V
O I V O M Č B R C A A A K K
K H V B J V A C U K J V C S
I N T I W G T J T O A I P E
K R U Š K A W F N V P J W R
M A P B H D U H L A A L C B
L I M U N H E A L J P Š W D
J F C M U G W C J H J L U S
```

MARELICA	KIVI
ANANAS	KOKOS
JABUKA	MANGO
AVOKADO	DINJA
BANANA	NARANČA
BOBICA	PAPAJA
LIMUN	KRUŠKA
GROŽĐE	BRESKVA
MALINA	ŠLJIVA
TREŠNJA	SMOKVA

59 - Engineering

```
P  T  Z  S  O  G  G  Đ  O  S  I  F  D  S
R  E  W  T  D  U  B  I  N  A  T  Z  R  Y
O  K  M  A  R  G  A  J  I  D  S  R  E  B
M  U  F  B  E  N  E  R  G  I  J  A  O  U
J  Ć  A  I  M  J  E  R  E  N  J  E  C  J
E  I  G  L  E  Z  I  D  P  O  G  O  N  H
R  N  W  N  I  P  S  P  O  K  R  E  T  O
O  A  C  O  V  K  N  T  R  E  N  J  E  Y
T  V  F  S  O  S  A  J  I  C  A  T  O  R
O  R  Đ  T  R  R  G  E  P  Z  S  N  U  E
M  Z  T  M  V  Y  A  G  C  G  L  V  D  I
S  T  R  U  K  T  U  R  A  J  F  K  E  E
I  Z  R  A  Č  U  N  A  S  B  L  U  M  Z
I  Z  G  R  A  D  N  J  A  A  Y  T  K  Đ
```

OS
IZRAČUN
POKRET
IZGRADNJA
DIJAGRAM
PROMJER
DUBINA
DIZEL
ENERGIJA
KUT

SNAGA
STROJ
MJERENJE
MOTOR
ROTACIJA
STABILNOST
STRUKTURA
TEKUĆINA
POGON
TRENJE

60 - Literatuur

```
Z  A  K  L  J  U  Č  A  K  H  A  R  U  F
Đ  H  H  T  T  P  P  Z  R  O  T  U  A  I
A  J  I  G  O  L  A  N  A  W  Y  C  J  K
U  S  P  O  R  E  D  B  A  A  A  Z  I  C
R  M  A  L  I  T  S  T  W  R  J  S  D  I
O  I  N  A  B  Z  I  E  Đ  O  I  A  E  J
M  Š  E  J  O  O  I  M  O  F  F  M  G  A
A  L  G  I  A  C  E  A  S  A  A  S  A  B
N  J  D  D  W  N  W  A  Đ  T  R  E  R  T
E  E  O  O  R  P  A  W  K  E  G  J  T  Y
V  N  T  F  A  L  M  L  S  M  O  P  U  Y
K  J  A  P  I  N  L  W  I  R  I  T  A  M
Z  E  V  G  D  Y  S  H  B  Z  B  R  J  Z
P  J  E  S  N  I  Č  K  I  K  A  C  M  J
```

ANALOGIJA	METAFORA
ANALIZA	PJESNIČKI
ANEGDOTA	RIMA
AUTOR	RITAM
BIOGRAFIJA	ROMAN
ZAKLJUČAK	STIL
DIJALOG	TEMA
FIKCIJA	TRAGEDIJA
PJESMA	USPOREDBA
MIŠLJENJE	

61 - Boeken

```
K C D V C S W O K I T P S T
O A Z U F O J E M N W O T R
N I Y F H E A N M V K V R A
T N S L U O Č A T I Č I A G
E R C B Y P V S N T E J N I
K A D D C M L I C N L E I Č
S R O T U A A P T E P S C N
T E O O G K C A S V P N A O
H T R M Y Y C N O N M I M M
O I K G A G H C N I O B S K
Z L T F U N O A L L L V E Z
A V A N T U R A A T P F J I
Z B I R K A U F U A J U P M
P O E Z I J A C D P R I Č A
```

AUTOR   POVIJESNI
AVANTURA   DUHOVIT
STRANICA   INVENTIVNI
ZBIRKA   ČITAČ
KONTEKST   LITERARNI
DUALNOST   POEZIJA
EP   ROMAN
PJESMA   TRAGIČNO
NAPISAN   PRIČA

62 - Meer Informatie

```
F  S  A  J  I  P  O  T  S  I  D  G  T  R
V  A  C  A  E  Đ  N  S  C  L  K  A  A  C
A  A  N  A  A  J  L  V  E  U  N  L  J  K
T  Z  F  T  D  E  A  I  N  Z  J  A  A  R
R  N  Đ  J  A  L  E  J  A  I  I  K  N  A
A  A  Z  Z  C  S  R  E  R  J  G  S  S  J
R  O  B  O  T  I  T  T  I  A  E  I  T  N
U  T  O  P  I  J  A  I  J  J  T  J  V  O
P  L  A  N  E  T  A  D  Č  K  C  A  E  S
Z  A  M  I  Š  L  J  E  N  A  I  A  N  T
E  K  S  P  L  O  Z  I  J  A  N  N  I  M
T  E  H  N  O  L  O  G  I  J  A  W  O  P
F  U  T  U  R  I  S  T  I  Č  K  I  L  G
B  Y  P  R  O  R  O  Č  I  Š  T  E  D  S
```

KINO	TAJANSTVENI
KNJIGE	PROROČIŠTE
VATRA	PLANETA
ZAMIŠLJEN	REALNO
DISTOPIJA	ROBOTI
EKSPLOZIJA	SCENARIJ
KRAJNOST	GALAKSIJA
FANTASTIČAN	TEHNOLOGIJA
FUTURISTIČKI	UTOPIJA
ILUZIJA	SVIJET

63 - Regenwoud

```
K K K U S V V O O I V P V R
U D L A T Z R B P T O R Z A
K P Ž I Đ F S L S P D I A Z
C C O U M B T A T T O R J N
I F G Š N A A C A I Z O E O
C E M Y T G C I N C E D D L
E F E O H O L O A E M A N I
H A T V V H V A K F C N I K
Đ Y Š A P P R A R I I I C O
Đ P I G R R O L N Y M V A S
I K Č I N A T O B J Đ O W T
W L O O B N O V A O E H Z L
A U T O H T O N O T K A P C
M A U V R I J E D A N M W L
```

VODOZEMCI
BOTANIČKI
RAZNOLIKOST
ZAJEDNICA
AUTOHTONO
KUKCI
DŽUNGLA
KLIMA
MAHOVINA

PRIRODA
OPSTANAK
POŠTOVANJE
OBNOVA
VRSTA
UTOČIŠTE
PTICE
VRIJEDAN
OBLACI

64 - Haartypes

```
B Z H P R A A V A Č R V O K
J I M U E G A A C Z U A M S
H C J L K B B R E B R L Y U
K H U E G J E D Y O W O A P
R A B E L U C Z Đ Đ E V D L
A W D E Y I L N D N U I U E
T R K S V C R N A S C T G T
A E C I N E T E L P A A O E
K Y K V A L E Ć O K Š F S N
E Y N A J A J S R Đ U V U A
E Đ J H N S S O B P V H H S
D E B E O A N M E K A N O M
K O V R Č E T D R G L A L E
U J H N B W N Z S B P N Z Đ
```

PLAVUŠA	ĆELAV
SMEĐ	KRATAK
DEBEO	KOVRČE
SUHO	KOVRČAVA
TANAK	DUGO
PLETENA	PLETENICE
ZDRAV	BIJELI
SJAJAN	MEKAN
VALOVITA	SREBRO
SIVA	CRNA

65 - Stad

```
J  S  V  E  U  Č  I  L  I  Š  T  E  K  K
F  L  T  A  E  D  P  S  E  G  O  Y  I  N
G  G  R  K  T  V  B  L  S  T  L  E  N  J
W  T  V  B  Š  P  C  J  T  K  O  G  O  I
K  L  I  N  I  K  A  E  A  S  T  H  W  Ž
B  T  K  G  L  P  K  K  D  J  P  F  F  N
A  R  Š  A  A  H  U  A  I  B  E  E  O  I
N  Ž  O  Š  Z  C  L  R  O  B  K  Z  R  C
K  I  L  K  A  L  A  N  N  H  A  T  U  A
A  Š  O  O  K  N  N  A  R  A  R  L  F  M
J  T  O  L  D  B  Č  W  T  Z  A  Z  J  G
D  E  Z  A  W  Z  A  R  A  Ž  I  J  N  K
L  J  D  A  J  I  R  E  L  A  G  N  L  S
L  H  B  F  O  Z  Z  C  V  J  E  Ć  A  R
```

LJEKARNA   HOTEL
PEKARA   KLINIKA
BANKA   ZRAČNA LUKA
KNJIŽNICA   TRŽIŠTE
KINO   MUZEJ
CVJEĆAR   ŠKOLA
KNJIŽARA   STADION
ZOOLOŠKI VRT   KAZALIŠTE
GALERIJA   SVEUČILIŠTE

66 - Creativiteit

```
D F Z O I Đ T C S H K O O S
R Z L A N I T Š E J V S S Z
A H T J R Z A Đ J W K J J P
M H E I N Z L E I O M E E S
A I T C O D I G Z E D Ć Ć I
T N I A K Z K N I J N A A H
I T Z R A F O C V V Y J J T
Č U N I R E W Y Z L U E P A
A I E P D O J A M M A Š T A
N C T S O N Č I T N E T U A
J I N N F G G U C S L I K A
B J I I O N A T N O P S A I
R A Ć O N S A J U K M R F T
I N V E N T I V N I F E U R
```

SLIKA
DRAMATIČAN
AUTENTIČNOST
EMOCIJE
OSJEĆAJ
OSJEĆAJE
JASNOĆA
DOJAM
INSPIRACIJA

INTENZITET
INTUICIJA
INVENTIVNI
SPONTANO
IZRAZ
VJEŠTINA
MAŠTA
VIZIJE

67 - Natuur

```
S G L A L E A L G A M M B B
K J W R E N J J C K D P I A
L T Y K D I U E Ć Š I L T B
O A E T E N K P Y N J Y A Y
N A B I N A J O K O P S N G
I W U K J L J T W F N F I G
Š T N A A P H A M U Š E K S
T S D Y K W Č O J I B R S V
E D I V L J I E O J V O P E
P U S T I N J A L E J Z O T
O B L A C I A A K E J I R I
Ž I V O T I N J E T M J T Š
D I N A M I Č A N I G A M T
B W S E K L F F U P P F M E
```

ARKTIK
PLANINE
PČELE
ŠUMA
ŽIVOTINJE
DINAMIČAN
EROZIJA
LIŠĆE
LEDENJAK
SVETIŠTE

MAGLA
RIJEKA
LJEPOTA
SKLONIŠTE
SPOKOJAN
TROPSKI
BITAN
DIVLJI
PUSTINJA
OBLACI

68 - Zoogdieren

```
Ž  F  B  T  S  O  A  I  V  G  V  M  E  G
N  I  A  E  Z  N  M  Đ  O  E  Đ  A  K  B
Đ  F  R  S  Đ  J  M  R  I  M  V  J  O  S
K  G  V  A  L  E  Z  A  V  E  D  M  N  U
P  O  T  P  F  S  E  B  Č  F  O  U  J  U
H  K  I  B  M  A  C  A  N  K  A  N  M  T
J  A  L  I  R  O  G  D  I  U  A  K  J  T
C  K  T  O  J  O  K  H  Y  V  N  L  M  B
Y  C  I  R  K  Đ  J  K  O  Z  A  A  A  F
O  T  K  J  I  A  M  A  G  A  R  A  C  K
N  A  F  T  V  F  N  I  P  U  D  F  I  L
P  F  V  I  C  W  O  U  J  Y  R  K  S  E
W  I  S  W  P  J  L  Z  A  D  C  M  I  F
W  P  C  C  P  Z  S  U  B  Đ  U  I  L  S
```

MAJMUN	KLOKAN
DABAR	MAČKA
KOJOT	ZEC
DUPIN	LAV
MAGARAC	SLON
KOZA	KONJ
ŽIRAFA	BIK
GORILA	LISICA
PAS	KIT
DEVA	VUK

69 - Overheid

```
U  S  T  A  V  V  T  A  A  D  V  A  R  P
P  Đ  S  O  N  O  K  A  Z  E  O  Y  O  B
O  O  O  G  Đ  Đ  Z  Đ  R  M  V  V  C  A
L  K  K  G  T  A  U  F  S  O  T  R  P  E
I  R  A  R  K  I  D  P  I  K  S  D  U  S
T  U  N  A  V  A  Ž  R  D  R  N  S  S  I
I  G  D  Đ  V  Z  J  K  Z  A  A  P  L  M
K  W  E  A  G  A  Z  J  U  C  J  O  O  B
A  M  J  N  D  O  R  A  N  I  L  M  B  O
B  J  H  S  I  N  V  P  P  J  V  E  O  L
F  Y  D  K  A  R  Đ  O  S  A  A  N  D  E
F  H  K  I  W  I  G  A  R  A  Ž  I  A  K
P  R  A  V  A  M  Z  P  L  W  R  K  Z  L
G  B  T  L  I  U  I  W  R  E  D  E  D  Y
```

DRŽAVLJANSTVO	NAROD
GRAĐANSKI	POLITIKA
DEMOKRACIJA	PRAVA
RASPRAVA	MIRNO
JEDNAKOST	DRŽAVA
SUDSKI	SIMBOL
PRAVDA	GOVOR
USTAV	SLOBODA
VOĐA	ZAKON
SPOMENIK	OKRUG

70 - Voertuigen

```
F O W R L A I S K A T P Č H
A G T W E U O T D U R O A E
H L R R O T K A R T A D M L
O I O Đ M O U R Đ O J M A I
I T T G A B P K W M E O C K
L V O N R U M Đ S O K R C O
G U M E A S T P Z B T N E P
K W F W T P Đ L K I C I B T
Z Y S L E Z O B U L B C D E
G C M P K J A M U B M A M R
P N A V A R A K O K O M B I
V L A K R P L O V Ć K V F Đ
T V W G E S P L A V Y R I M
R Z R A K O P L O V G P H D
```

HITNA POMOĆ	PODMORNICA
AUTOMOBIL	RAKETA
GUME	SKUTER
KOMBI	TAKSI
ČAMAC	TRAKTOR
AUTOBUS	VLAK
KARAVAN	TRAJEKT
BICIKL	ZRAKOPLOV
HELIKOPTER	SPLAV
MOTOR	

71 - Geografie

```
U  M  K  O  N  T  I  N  E  N  T  Š  P  B
W  R  E  V  E  J  S  E  T  E  J  I  V  S
F  A  R  R  V  I  S  I  N  A  N  R  G  U
U  I  O  R  I  T  P  Z  D  R  M  I  U  U
C  V  M  A  P  D  A  P  A  Z  I  N  V  I
G  M  F  T  R  L  I  D  R  K  N  A  Y  Z
A  J  Đ  L  S  E  A  J  G  B  O  T  G  E
J  U  R  A  S  Z  F  N  A  U  M  R  Z  M
I  G  S  S  A  F  M  S  I  N  Đ  A  L  L
G  W  A  R  V  F  R  L  I  N  N  K  O  J
E  K  V  A  T  O  R  M  H  M  A  C  P  A
R  O  S  B  L  B  H  O  A  K  E  J  I  R
I  T  L  T  I  Y  K  K  A  E  C  H  J  C
I  O  J  S  R  I  Z  A  H  U  O  N  C  Y
```

ATLAS	MERIDIJAN
PLANINA	SJEVER
ŠIRINA	OCEAN
KONTINENT	REGIJA
OTOK	RIJEKA
EKVATOR	GRAD
HEMISFERA	SVIJET
VISINA	ZAPAD
KARTA	MORE
ZEMLJA	JUG

72 - Barbecues

```
C D G D P R L O B I T E L J
E S A L A T E J M R B O P P
J M R L C O Ć L E Ć O V O I
S I E Z G Y U I O T V T V L
K A Č U R S R T H P O R R E
R Đ Đ Đ A I V Š V L L F Ć T
U D V Z P R Z O E K F G E I
P S O L A A R L K W L C N
W O N C P A A A U T T A I A
M R Z L U S Y A K L R Z Č O
P D Đ I V E Ž O N D K B J G
L Z Y E V V E K C Z J A A J
N U M A K V I L I C E K R Đ
I I E J M P T W T U J J O U
```

VEČERA	GLAZBA
OBITELJ	PAPAR
VOĆE	SALATE
ROŠTILJ	UMAK
POVRĆE	RAJČICE
VRUĆE	LUK
GLAD	POZIV
PILETINA	VILICE
RUČAK	LJETO
NOŽEVI	SOL

73 - Schoonheid

```
R  B  D  Đ  Đ  O  M  U  D  N  C  P  Đ  W
A  N  R  G  H  A  O  I  E  A  J  O  B  O
M  A  S  K  A  R  A  B  R  Č  L  L  H  J
M  T  S  I  L  I  T  S  A  I  F  A  E  Š
I  N  Đ  H  D  E  C  J  K  N  S  D  T  A
L  A  J  H  Y  U  H  I  Š  E  G  E  U  R
O  G  E  A  J  I  C  N  A  G  E  L  E  M
S  E  B  P  C  J  H  O  Š  O  Č  G  G  R
T  L  P  I  L  R  U  P  M  T  R  O  U  A
L  E  H  L  T  W  P  M  I  O  V  A  L  J
K  T  I  Y  W  R  U  A  N  F  O  J  S  V
J  O  U  L  J  A  U  Š  K  C  K  Y  U  C
G  J  Ž  K  A  R  G  Ž  A  N  F  J  J  E
Đ  R  F  A  K  I  T  E  M  Z  O  K  K  Đ
```

ŠARM	KOVRČE
KOZMETIKA	RUŽ
USLUGE	MASKARA
ELEGANTAN	ULJA
ELEGANCIJA	ŠKARE
FOTOGENIČAN	ŠAMPON
MILOST	OGLEDALO
MIRIS	STILIST
KOŽA	ŠMINKA
BOJA	

74 - Wetenschappelijke Discip

```
T  B  V  M  M  E  H  A  N  I  K  A  D  B
E  A  J  I  G  O  L  O  I  Z  I  F  G  I
R  A  K  N  R  O  B  O  T  I  K  A  E  O
M  R  E  E  L  M  I  A  A  M  Đ  S  O  L
O  H  M  R  I  S  H  R  A  N  A  F  L  O
D  E  I  A  J  I  G  O  L  O  K  E  O  G
I  O  J  L  M  T  W  V  P  O  W  Z  G  I
N  L  A  O  V  D  A  H  C  T  C  W  I  J
A  O  Đ  G  I  C  Đ  Đ  D  U  B  H  J  A
M  G  J  I  A  J  I  M  O  T  A  N  A  P
I  I  A  J  I  G  O  L  O  R  U  E  N  T
K  J  U  A  J  I  G  O  L  O  N  U  M  I
A  A  Đ  S  O  C  I  O  L  O  G  I  J  A
B  O  T  A  N  I  K  A  S  Z  F  Đ  E  A
```

ANATOMIJA	MEHANIKA
ARHEOLOGIJA	MINERALOGIJA
BIOLOGIJA	NEUROLOGIJA
KEMIJA	BOTANIKA
EKOLOGIJA	ROBOTIKA
FIZIOLOGIJA	SOCIOLOGIJA
GEOLOGIJA	TERMODINAMIKA
IMUNOLOGIJA	ISHRANA

75 - Bijvoeglijke Naamwoorden

```
U  A  U  T  E  N  T  I  Č  N  O  I  P  D
O  M  G  W  Y  H  S  C  V  P  V  J  O  R
D  I  O  J  T  Z  I  Y  K  R  O  C  S  A
G  N  Y  Đ  I  N  Č  M  J  I  N  K  P  M
O  V  N  A  N  A  L  A  M  R  O  N  A  A
V  I  A  V  O  I  A  E  U  O  V  Z  N  T
O  T  O  C  M  J  P  N  A  D  A  L  G  I
R  K  A  J  V  L  S  O  U  N  R  L  O  Č
A  U  G  Z  I  V  T  L  N  O  D  Y  F  A
N  D  Đ  Đ  K  I  I  Z  A  O  Z  W  W  N
I  O  V  G  E  D  L  S  I  N  S  I  P  O
K  R  E  A  T  I  V  N  I  I  G  A  Z  Z
U  P  Z  A  N  I  M  L  J  I  V  P  N  P
D  A  R  O  V  I  T  F  N  O  P  H  O  S
```

AUTENTIČNO	NOVO
DAROVIT	NORMALAN
OPISNI	PRODUKTIVNI
KREATIVNI	POSPAN
DRAMATIČAN	JAK
ZDRAV	PONOSAN
GLADAN	ODGOVORAN
ZANIMLJIV	DIVLJI
UMORNI	SLAN
PRIRODNO	ČIST

76 - Kleding

```
A  Š  P  U  R  N  A  R  U  K  V  I  C  A
I  E  I  D  U  F  I  F  Đ  Đ  N  P  J  L
Z  Š  D  Ž  K  I  S  Đ  E  Y  J  B  W  E
I  I  Ž  E  A  N  I  J  L  A  H  E  V  C
S  R  A  M  V  Č  A  R  A  P  E  A  E  C
U  P  M  P  I  B  S  Z  D  Y  V  S  I  Đ
K  R  A  E  C  W  N  R  N  K  B  Š  B  E
N  E  K  R  E  P  O  J  A  S  L  U  A  I
J  G  A  H  L  A  Č  E  S  N  U  H  C  L
A  A  P  V  T  L  J  C  D  W  Z  J  I  I
N  Č  U  C  O  E  W  M  C  T  A  N  L  A
M  A  T  Đ  D  P  J  O  P  R  Y  P  R  W
J  A  K  N  A  I  U  D  A  J  P  Y  G  P
P  Y  A  C  P  C  P  A  J  L  U  Š  O  K
```

NARUKVICA	PIDŽAMA
BLUZA	POJAS
HLAČE	SUKNJA
RUKAVICE	SANDALE
ŠEŠIR	CIPELA
KAPUT	PREGAČA
JAKNA	KOŠULJA
HALJINA	ŠAL
OGRLICA	ČARAPE
MODA	DŽEMPER

77 - Vliegtuigen

```
S  K  S  Y  Y  V  V  V  A  A  U  A  P  T
K  I  C  T  O  L  I  P  T  V  N  K  R  U
P  M  L  F  F  S  S  Z  M  A  L  M  O  R
P  U  U  A  N  L  I  R  O  N  R  Y  P  B
I  O  T  W  Z  S  N  A  S  T  E  L  E  U
Z  V  S  N  J  A  A  K  F  U  J  Y  L  L
G  I  E  A  I  M  K  R  E  R  E  K  E  E
R  R  J  T  D  K  N  E  R  A  J  I  R  N
A  O  I  C  J  A  N  J  A  Z  I  D  I  C
D  G  V  R  O  T  O  M  N  E  B  O  G  I
N  N  O  L  A  B  F  S  I  D  H  V  D  J
J  B  P  S  L  I  J  E  T  A  N  J  E  A
A  G  T  D  C  S  P  T  K  A  E  I  G  M
K  D  D  G  M  B  K  E  Z  Y  T  O  C  H
```

SILAZAK	SLIJETANJE
ATMOSFERA	ZRAK
AVANTURA	MOTOR
BALON	DIZAJN
POSADA	PUTNIK
IZGRADNJA	PILOT
GORIVO	PROPELERI
POVIJEST	SMJER
NEBO	TURBULENCIJA
VISINA	VODIK

78 - Herbalisme

```
A D M R P K O M O R A Č H T
R R A U K V A L I T E T A K
O R Ž Ž B L F U M L G V Đ U
M O U M O P O O K U S W G L
A M R A S N A J I M I T J I
T C A R I K A J O T S A S N
S V N I L U F G C B B D R A
K I H N J J J G I A T R V R
I J G Z A W D W B R S A W S
A E N F K R Đ F S A O G W K
J T L A V A N D A P Z U B I
A H V Y Z E L E N O C L F W
Č E Š N J A K L C K A J Z O
Š A F R A N I Š R E P S Z L
```

AROMATSKI
BOSILJAK
CVIJET
KULINARSKI
KOPAR
DRAGULJ
ZELEN
SASTOJAK
ČEŠNJAK
KVALITETA

LAVANDA
MAŽURAN
ORIGANO
PERŠIN
RUŽMARIN
ŠAFRAN
OKUS
TIMIJAN
VRT
KOMORAČ

79 - Kracht en Zwaartekracht

```
T  S  O  N  E  J  L  A  D  U  A  D  S  N
F  E  L  A  I  V  O  S  S  J  L  G  V  P
P  M  Ž  K  I  Z  J  W  A  Y  D  Đ  O  L
R  E  Z  I  L  T  Y  B  N  Z  I  V  J  A
I  J  M  Z  N  R  O  E  I  E  N  O  S  N
T  I  A  I  F  A  M  E  Z  F  A  T  T  E
I  R  G  F  A  T  I  B  R  O  M  K  V  T
S  V  N  T  K  N  E  M  B  U  I  R  A  E
A  W  E  R  I  E  M  R  P  F  Č  I  Z  K
K  R  T  E  N  C  L  N  K  M  A  Ć  H  A
W  W  I  N  A  Z  I  J  G  O  N  E  S  B
N  N  Z  J  H  J  W  K  J  K  P  D  J  Y
Y  C  A  E  E  J  N  E  R  I  Š  O  R  P
S  P  M  H  M  T  L  U  D  A  R  A  C  S
```

UDALJENOST	MAGNETIZAM
OS	MEHANIKA
ORBITA	FIZIKA
POKRET	OTKRIĆE
CENTAR	PLANETE
PRITISAK	BRZINA
DINAMIČAN	VRIJEME
SVOJSTVA	PROŠIRENJE
TEŽINA	TRENJE
UDARAC	

80 - Rijden

```
P  J  E  Š  A  K  K  Y  D  H  Z  T  V  N
S  I  G  U  R  N  O  S  T  C  C  E  J  E
K  A  V  E  P  J  D  L  W  G  E  M  D  S
A  T  S  E  C  L  K  I  C  O  T  O  M  R
M  E  U  T  R  T  A  B  K  R  F  R  A  E
I  D  T  G  K  T  S  O  N  S  A  P  O  Ć
O  Đ  L  U  S  A  N  M  L  J  D  K  T  A
N  Đ  E  B  N  Y  R  O  T  O  M  O  K  Z
U  F  G  F  J  E  O  T  Z  O  H  Č  V  G
U  L  W  B  B  U  L  U  A  F  U  N  I  O
C  H  I  P  L  I  N  A  R  O  W  I  T  R
N  K  E  C  L  I  C  E  N  C  A  C  W  I
P  U  A  O  A  Ž  A  R  A  G  T  E  P  V
B  R  Z  I  N  A  J  I  C  I  L  O  P  O
```

AUTOMOBIL	POLICIJA
GORIVO	KOČNICE
GARAŽA	BRZINA
PLIN	ULICA
OPASNOST	TUNEL
KARTA	SIGURNOST
LICENCA	PROMET
MOTOR	PJEŠAK
MOTOCIKL	KAMION
NESREĆA	CESTA

81 - Wetenschap

```
N K S M A Z I N A G R O E H
S C T E O N K O E Č L E H K
H O M T S T K Y K I A V W E
P F C O R A A Z S N B O B M
Č O S D K U K N P J O L F I
Y E D A A C I A E E R U O J
U S S A M F Z N R N A C S S
E Y B T C Đ I S I I T I I K
P Đ J S I I F T M C O J L I
K L I M A C D V E A R A Đ C
D P A H P C E E N U I A E G
P R I R O D A N T H J K U N
Z A Z E T O P I H E C K P S
W J T Z E L U K E L O M M Z
```

ATOM
KEMIJSKI
ČESTICE
EVOLUCIJA
EKSPERIMENT
ČINJENICA
FOSIL
PODACI
HIPOTEZA

KLIMA
LABORATORIJ
METODA
MOLEKULE
PRIRODA
FIZIKA
ORGANIZAM
ZNANSTVENIK

82 - Natuurkunde

```
E L E K T R O N P U M O T A
Y W U Z S O G T L N A Y K K
Đ E F S O T I N I I S M A I
U L Y R N O Y E N V A A O N
B D L K V M A M M E S G S A
R W R L I O L I V R L N E H
Z R I T T J U R K Z B E N E
A C R H A Č K E A A K T W M
N W O E L P E P Ć L H I W M
J T T J E P L S O A I Z I P
E O W B R P O K T N E A B A
B R Z I N A M E S I E M E M
K E M I J S K I U G C C K A
F O R M U L A Z G L L A C B
```

ATOM   MAGNETIZAM
KAOS   MASA
KEMIJSKI   MEHANIKA
ČESTICA   MOLEKULA
GUSTOĆA   MOTOR
ELEKTRON   RELATIVNOST
EKSPERIMENT   BRZINA
FORMULA   UNIVERZALAN
PLIN   UBRZANJE

83 - Muziekinstrumenten

```
J  Z  U  O  Đ  E  W  V  O  J  Y  L  M  S
P  T  D  T  E  Z  T  G  N  N  Y  T  A  A
T  A  A  K  I  N  O  M  R  A  H  R  R  K
G  M  R  F  C  A  G  S  I  B  L  U  I  S
I  B  A  E  R  M  A  K  V  U  F  B  M  O
T  U  L  Y  W  A  F  W  A  B  W  A  B  F
A  R  J  B  W  E  H  O  L  K  Đ  F  A  O
R  A  K  F  E  E  Y  G  K  C  L  J  A  N
A  Š  E  O  N  N  K  L  A  R  I  N  E  T
B  K  A  T  Z  Y  D  T  R  O  M  B  O  N
O  I  T  P  C  W  C  Ž  O  G  O  N  G  W
H  B  H  O  L  E  Č  N  O  L  O  I  V  W
O  M  O  M  A  N  D  O  L  I  N  A  K  D
Đ  H  R  A  T  U  A  L  F  H  W  B  J  I
```

BENDŽO	MARIMBA
VIOLONČELO	HARMONIKA
FAGOT	UDARALJKE
FLAUTA	KLAVIR
GITARA	SAKSOFON
GONG	TAMBURAŠKI
HARFA	TROMBON
OBOA	BUBANJ
KLARINET	TRUBA
MANDOLINA	

84 - Antiek

```
G  A  T  S  A  J  I  Z  U  T  N  E  D  N
I  I  O  T  O  W  O  U  D  S  D  N  M  A
G  A  N  A  C  K  T  L  I  T  S  U  V  M
V  G  Č  R  Y  E  Đ  A  N  E  J  I  C  J
S  L  I  K  E  N  I  G  Y  E  G  U  O  E
K  S  B  Đ  N  G  T  A  R  C  F  M  U  Š
V  K  O  K  A  V  O  N  B  O  D  J  K  T
A  U  E  D  T  T  V  J  V  E  N  E  R  A
L  L  N  T  N  W  T  E  K  E  Đ  T  A  J
I  P  P  G  A  L  E  R  I  J  A  N  S  E
T  T  T  T  G  C  G  I  N  W  I  O  N  Y
E  U  U  A  E  Ć  E  J  L  O  T  S  O  A
T  R  Z  G  L  N  V  I  I  A  J  T  T  T
A  A  Y  R  E  C  I  N  A  V  O  K  E  S
```

SKULPTURA   NAMJEŠTAJ
UKRASNO   KOVANICE
STOLJEĆE   NEOBIČNO
ELEGANTAN   STAR
GALERIJA   CIJENA
ULAGANJE   OBNOVA
UMJETNOST   SLIKE
KVALITETA   STIL
ENTUZIJASTA

85 - Activiteiten en Vrije Ti

```
S  K  A  M  P  I  R  A  N  J  E  O  R  T
P  U  R  I  B  A  R  S  T  V  O  D  O  E
B  P  R  Y  N  O  G  O  M  E  T  B  N  N
A  J  U  F  M  H  C  C  L  Đ  T  O  J  I
E  S  U  T  A  K  R  A  Š  O  K  J  E  S
B  L  S  M  O  N  A  I  G  H  L  K  N  S
O  I  O  E  J  V  J  U  O  A  P  A  J  C
K  K  Đ  I  D  E  A  E  L  N  D  V  E  P
S  A  K  Đ  Z  J  T  T  F  J  H  Z  D  Đ
F  W  K  V  E  V  J  N  I  J  I  B  O  H
E  J  N  A  T  Š  U  P  O  Y  Y  S  E  S
I  G  B  E  J  Z  B  O  L  S  L  E  G  I
P  J  E  Š  A  Č  E  N  J  E  T  B  N  I
D  V  V  R  T  L  A  R  S  T  V  O  P  E
```

KOŠARKA	OPUŠTANJE
BOKS	PUTOVATI
RONJENJE	SLIKA
GOLF	SURFANJE
RIBARSTVO	TENIS
HOBIJI	VRTLARSTVO
BEJZBOL	NOGOMET
KAMPIRANJE	ODBOJKA
UMJETNOST	PJEŠAČENJE

86 - Koffie

```
K  R  E  M  A  W  V  K  M  C  I  C  Đ  T
M  L  I  J  E  K  O  O  H  S  G  I  S  E
N  N  I  W  C  C  K  F  T  Đ  S  J  A  K
V  J  E  Y  V  U  Z  E  Z  O  S  E  M  U
V  Đ  I  L  E  A  C  I  L  A  Š  N  L  Ć
A  S  R  E  F  P  K  N  Y  E  O  A  J  I
V  O  D  A  F  I  L  T  A  R  K  E  E  N
L  K  C  E  W  N  V  O  R  T  U  J  T  A
V  K  A  R  O  G  U  L  M  R  S  K  I  A
R  A  Z  N  O  L  I  K  O  S  T  I  V  R
E  C  V  K  E  P  I  Ć  E  P  V  S  B  O
Ć  Y  R  R  S  Ž  K  L  R  C  B  E  D  M
E  L  N  N  W  T  R  E  Y  E  L  L  Z  A
Š  Đ  N  S  A  K  Y  P  Z  P  Y  O  I  L
```

AROMA
ŠALICA
GORAK
KOFEIN
PIĆE
FILTAR
PRŽENA
SAMLJETI
MLIJEKO
JUTRO

CIJENA
KREMA
OKUS
ŠEĆER
RAZNOLIKOST
TEKUĆINA
VODA
KISELO
CRNA

87 - Schaken

```
T U R N I R M A V P D T B D
D V Đ L L C K W R A I U Y A
F L C D D T V W I S J K P G
P R A V I L A Đ J I A R G I
W K Č T O Č K E E V G A T Ž
K R A L J I C A M N O L U R
I N R V J B R R E O N J Č T
N F G M R C R N A E A Y I V
V A I A Y P L D E R L A T O
I P D C B I J E L I A Z I V
T K N V C P A M E T A N U A
O S T R A T E G I J A N C T
R N A T J E C A N J E I V I
P K U I Z A Z O V I N H P I
```

DIJAGONALA
PRVAK
KRALJ
KRALJICA
UČITI
ŽRTVOVATI
PASIVNO
TOČKE
PRAVILA
PAMETAN

IGRA
IGRAČ
STRATEGIJA
PROTIVNIK
VRIJEME
TURNIR
IZAZOVI
NATJECANJE
BIJELI
CRNA

88 - Boerderij #1

```
Y  Đ  G  K  U  P  P  C  C  W  D  D  V  L
J  Z  P  R  C  A  R  A  G  A  M  O  O  V
U  O  D  A  T  S  P  M  A  Č  K  A  D  R
S  Z  C  V  E  J  I  F  E  F  J  L  A  A
C  I  K  A  J  L  L  Z  K  N  R  E  I  N
D  G  D  P  L  D  E  M  N  O  Đ  Č  B  A
K  O  N  J  O  L  T  T  E  N  Z  P  Z  N
G  P  D  R  P  E  I  D  M  E  F  A  M  H
I  N  G  B  D  D  N  D  E  J  C  R  S  R
Z  Đ  O  M  I  G  A  B  J  I  E  Y  W  H
M  E  F  J  N  L  B  J  S  S  U  S  V  H
V  H  N  G  I  O  G  R  A  D  A  G  Đ  E
A  A  D  E  R  V  I  R  P  O  J  L  O  P
R  I  Ž  A  Y  U  O  W  G  I  H  T  C  O
```

PČELA	KRAVA
MAGARAC	VRANA
KOZA	STADO
OGRADA	POLJOPRIVREDA
PAS	GNOJIVO
MED	KONJ
SIJENO	RIŽA
TELE	POLJE
MAČKA	VODA
PILETINA	SJEMENKE

89 - Huis

```
O G L E D A L O K K Y C S S
M E T L A D S E U A A A H O
G A R A Ž A P B H U K M K B
L M A C C A R I O J P I A
N F D R H J V N N G L H J N
L R R J V F A S J R I P Z B
P O D R U M Ć T A A T A R V
T K I Đ D L A R D D E K E O
Y E Z U U D S O V A J A F R
D L P Y V A O P R R V J M K
M J J I N O B V T B S N N I
M L P G H J A T Š E J M A N
K N J I Ž N I C A U G I I M
H E Z G A V J K D L T D I H
```

METLA	KUHINJA
KNJIŽNICA	SVJETILJKA
KROV	NAMJEŠTAJ
VRATA	ZID
TUŠ	STROP
GARAŽA	DIMNJAK
KAMIN	SPAVAĆA SOBA
OGRADA	OGLEDALO
SOBA	TEPIH
PODRUM	VRT

90 - Geometrie

```
V  Z  R  E  P  Đ  Đ  O  U  T  F  F  L  T
O  M  A  S  A  B  Ž  D  A  N  D  E  J  E
D  P  T  T  T  F  M  A  C  I  M  O  K  O
O  O  P  R  O  M  J  E  R  A  N  F  Đ  R
R  V  T  M  N  P  C  I  N  Z  U  H  U  I
A  R  N  E  L  Đ  V  F  F  M  Č  P  K  J
V  Š  W  D  E  V  I  S  I  N  A  E  D  A
A  I  A  L  S  I  M  E  T  R  I  J  A
N  N  K  J  A  S  M  W  N  U  Z  F  R  S
I  A  R  A  R  K  G  U  E  K  I  M  S  V
P  L  U  N  A  J  L  U  V  I  R  K  M  V
V  K  G  J  P  D  I  M  E  N  Z  I  J  A
L  O  G  I  K  A  T  R  O  K  U  T  B  N
E  S  E  G  M  E  N  T  I  M  O  K  O  Y
```

IZRAČUN	OKOMICA
KRUG	MASA
KRIVULJA	MEDIJAN
PROMJER	POVRŠINA
DIMENZIJA	PARALELNO
TROKUT	SEGMENT
KUT	SIMETRIJA
VISINA	TEORIJA
VODORAVAN	JEDNADŽBA
LOGIKA	OKOMIT

91 - Jazz

```
I E P L J E S A K V T D I I
I M P R O V I Z A C I J A H
T E H N I K A J T H W N Z C
E N F O H S F L I T S B Y J
W I I W C Y O E A R H Đ V W
K O N C E R T T N E L A T K
U G K Đ A A R A T S E K R O
P M L K M T N D P J E S M A
O A J A N S A A U G B G N A
Z T Z E Z Đ Ž L U V V S G L
N I E Z T B I K B A V Y O B
A R I B Đ N A S A S T A V U
T H W W I T I R O V A F O M
I S S D V Đ O K D N Z D N M
```

ALBUM	GLAZBA
PLJESAK	NOVO
UMJETNIK	ORKESTAR
POZNATI	STAR
SKLADATELJ	RITAM
KONCERT	SASTAV
FAVORITI	STIL
ŽANR	TALENT
IMPROVIZACIJA	TEHNIKA
PJESMA	

92 - Getallen

```
D  P  S  P  D  Š  E  S  N  A  E  S  T  Z
D  V  E  G  C  E  U  T  P  H  S  A  B  F
E  J  A  Z  Z  D  V  S  Č  E  T  I  R  I
V  E  S  D  F  F  A  E  H  G  E  J  Z  Đ
E  D  B  S  E  L  D  A  T  M  P  W  C  K
T  A  I  V  U  S  R  N  S  N  E  W  D  Y
T  N  J  Z  L  H  E  R  E  T  A  U  V  I
H  V  H  R  T  R  I  T  Š  S  C  E  A  D
C  B  F  Đ  A  G  T  E  B  E  N  Z  S  E
M  T  N  U  L  A  V  Č  J  A  B  B  Y  T
S  E  D  A  M  O  S  A  M  N  A  E  S  T
T  S  E  A  N  A  V  D  O  I  U  U  F  W
P  E  T  N  A  E  S  T  P  R  C  Đ  Đ  I
P  D  J  P  H  Đ  T  O  N  T  N  G  E  C
```

OSAM	DVA
OSAMNAEST	DVADESET
TRINAEST	ČETRNAEST
TRI	ČETIRI
JEDAN	PET
DEVET	PETNAEST
DEVETNAEST	ŠEST
NULA	ŠESNAEST
DESET	SEDAM
DVANAEST	

93 - Boksen

```
W W P T D S V D H B J K A A
C W S F O N O V Z H P V E E
A Y T R D Č K K R K P L D P
T I J E L O K U Ž A D Z R B
G M R T V V C E Z R A M U B
S N A G A D A R B L M C K Z
V B O R A C R A M A B S A Š
S K U T N F A J Đ K R B V A
U Đ E L I U D T R A D J I K
D M E M T W U O Z T V A C A
A U K Y Š O Z L J E D E E G
C L K H E P R O T I V N I K
M Đ R F J I S C R P L J E N
H O K A V A R O P O Y W F Đ
```

LAKAT	UDARAC
RUKAVICE	BRZ
OPORAVAK	PROTIVNIK
KUT	UŽAD
BRADA	ISCRPLJEN
ZVONO	VJEŠTINA
SNAGA	BORAC
TIJELO	OZLJEDE
TOČKE	ŠAKA
SUDAC	

94 - Boerderij #2

```
P  K  L  U  P  K  D  W  F  V  R  Đ  N  U
A  Y  K  E  M  Š  U  K  W  L  N  U  A  R
S  I  I  C  N  E  E  K  D  P  M  F  V  Ž
T  P  O  V  R  Ć  E  N  U  D  S  K  O  I
I  L  J  O  U  O  E  G  I  R  M  C  D  V
R  I  A  I  Y  V  O  E  V  C  U  V  N  O
O  V  N  Z  W  H  L  A  M  E  A  Z  J  T
T  A  J  Y  M  T  H  O  J  I  P  N  A  I
K  D  E  H  L  P  R  Đ  L  A  R  L  V  N
A  A  T  P  I  H  A  Đ  P  S  T  N  A  J
R  K  I  A  J  Đ  N  P  T  S  M  S  N  E
T  F  N  T  E  J  A  J  E  Č  A  M  J  Đ
Y  S  A  K  K  A  J  N  Ć  O  V  Z  E  L
O  P  V  A  O  R  D  K  O  Š  N  I  C  A
```

KOŠNICA   LAME
VOĆNJAK   KUKURUZ
ŽIVOTINJE   MLIJEKO
PATKA   OVCE
VOĆE   STAJA
JEČAM   PŠENICA
POVRĆE   TRAKTOR
PASTIR   HRANA
NAVODNJAVANJE   LIVADA
JANJETINA

95 - Psychologie

```
C  Z  M  S  J  P  P  D  S  U  K  O  B  N
Y  P  I  J  H  O  R  J  U  T  W  N  G  E
K  E  S  E  S  N  O  E  T  E  O  S  P  E
O  R  L  Ć  N  A  C  T  J  R  G  E  Đ  J
S  C  I  A  O  Š  J  I  E  A  L  J  J  I
J  E  U  N  V  A  E  N  C  P  W  V  R  C
E  P  T  J  I  N  N  J  A  I  I  S  F  O
Ć  C  S  A  K  J  A  S  J  J  K  E  Z  M
A  I  O  N  U  E  U  T  I  A  L  N  A  E
J  J  N  F  T  O  A  V  T  S  U  K  S  I
Z  A  B  Đ  K  T  S  O  N  R  A  V  T  S
P  R  O  B  L  E  M  E  A  S  C  B  G  W
O  Z  S  K  L  I  N  I  Č  K  I  H  F  W
Đ  I  O  B  S  P  O  Z  N  A  J  A  D  I
```

PROCJENA	OSJEĆAJ
NESVJESNO	SJEĆANJA
SPOZNAJA	UTJECAJI
SUKOB	DJETINJSTVO
SNOVI	KLINIČKI
EGO	PERCEPCIJA
EMOCIJE	OSOBNOST
ISKUSTVA	PROBLEM
MISLI	STVARNOST
PONAŠANJE	TERAPIJA

96 - Elektriciteit

```
O Z T S U W F H I R U S E K
Y Y R O T A R E N E G K L O
I I N Č I R T K E L E L E L
T A B P Č L M W N T C A K I
K T E N Đ A I O W I D T Č
E A N V I W Ž S F A Ž I R I
J H B E C F E L E A O Š I N
B I I E A A R F L R P T Č A
O N R M L P M C E A R E A K
M A G N E T B V T M E N R M
P O Z I T I V A N T M J T H
K N E G A T I V A N A E Z H
G M S V J E T I L J K A G I
B A T E R I J A K U U U S Đ
```

BATERIJA	LASER
OPREMA	MAGNET
ŽICE	NEGATIVAN
ELEKTRIČAR	MREŽA
ELEKTRIČNI	OBJEKTI
GENERATOR	SKLADIŠTENJE
KOLIČINA	POZITIVAN
KABEL	UTIČNICA
SVJETILJKA	TELEFON

97 - Zakelijk

```
D  T  Đ  K  T  Đ  L  T  I  B  O  D  Z  T
B  U  U  J  W  R  J  V  I  U  N  U  A  V
H  D  O  H  I  R  P  R  B  K  S  F  P  O
M  U  D  W  J  D  M  T  O  T  D  L  O  R
O  Ć  N  P  W  N  T  K  G  O  A  B  S  N
C  A  V  O  N  L  K  A  Š  O  R  T  L  I
K  N  A  F  I  N  A  N  C  I  J  E  E  C
A  I  L  P  O  R  E  Z  I  Y  N  P  N  A
R  R  U  U  L  A  G  A  N  J  E  R  I  R
I  L  T  S  U  P  O  P  U  J  J  O  K  U
J  C  A  V  A  D  O  L  S  O  P  D  J  P
E  P  B  P  V  R  E  Đ  N  B  F  A  H  M
R  V  O  N  U  Č  A  R  O  R  P  J  Z  C
A  Y  D  N  S  A  Z  T  U  N  D  A  F  K
```

TVRTKA	URED
PRORAČUN	POPUST
POREZI	TROŠAK
KARIJERA	VALUTA
TVORNICA	PRODAJA
FINANCIJE	POSLODAVAC
NOVAC	ZAPOSLENIK
PRIHOD	DUĆAN
ULAGANJE	DOBIT

98 - Voeding

```
H R A N L J I V D G H P T S
E C B K N H O Y A N I Ž E T
K A L O R I J E U A M F K D
J K M P M V B R D H A Z U I
U R A V N O T E Ž E N D Ć J
Z D R A V L J E L I V R I E
J V Z T A R E Đ B N V A N T
E R A E V I T A M I N V E A
S E Č T A C Đ N Z E I H M K
T N I I B P P D O T S U K O
I J N L O C E Y N O K H K E
V E I A R M M T E R O A N M
O J S V P W G D I P T C M W
Đ H S K A R O G M T R G I U
```

GORAK
KALORIJE
DIJETA
JESTIVO
APETIT
PROTEINI
URAVNOTEŽEN
VRENJE
TEŽINA
ZDRAV

ZDRAVLJE
KVALITETA
UMAK
OKUS
ZAČINI
PROBAVA
TOKSIN
VITAMIN
TEKUĆINE
HRANLJIV

99 - Chemie

```
V R C A L U K E L O M S R A
T O O A W A L P Đ G E P E V
E T D N G P N K A B T I A I
K A N I L E S I K B A S K T
U Z D T K N U J L A L S C E
Ć I J N S O W L O P I D I M
I L E E L M N G R L O S J P
N A N M W R E U B Đ H T A E
A T Z E T E L E K T R O N R
R A I L I E K I S I K E Z A
I K M E A K Ž U A U W J V T
O I A V N K O I O F E O I U
N I L P Y W H C N A D Y B R
O R G A N S K I Y A O M I A
```

KLOR
ELEKTRON
ELEMENTI
ENZIM
PLIN
TEŽINA
ION
KATALIZATOR
UGLJIK
METALI

MOLEKULA
ORGANSKI
REAKCIJA
TEMPERATURA
TEKUĆINA
TOPLINA
VODIK
SOL
KISELINA
KISIK

1 - Metingen

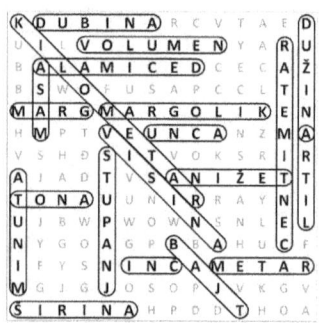

2 - Keuken

3 - Boten

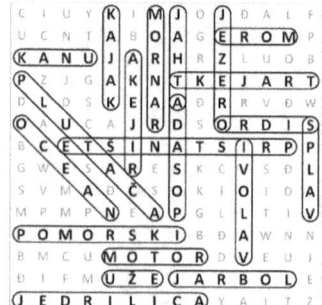

4 - Chocolade

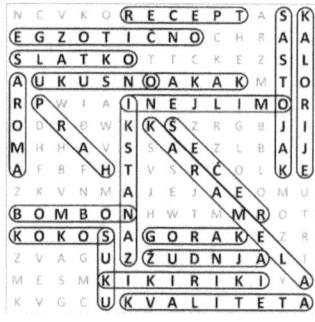

5 - Gezondheid en Welzijn #2

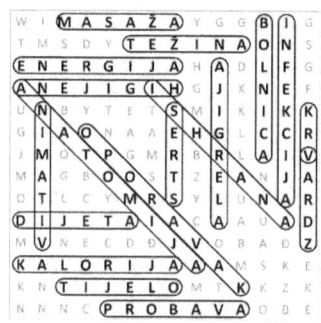

6 - Tijd

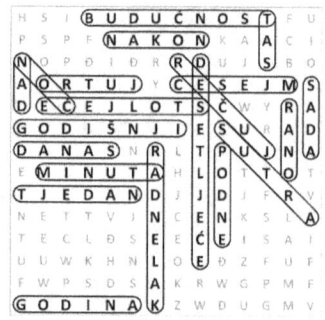

7 - Meditatie

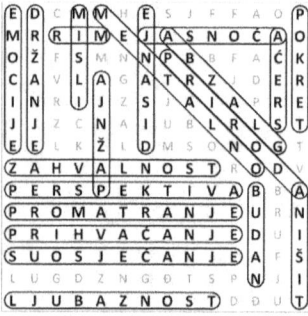

8 - Muziek

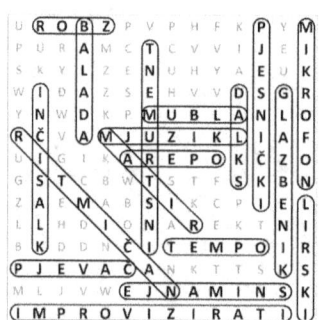

9 - Vogels

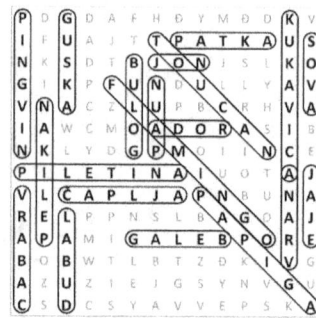

10 - Universum

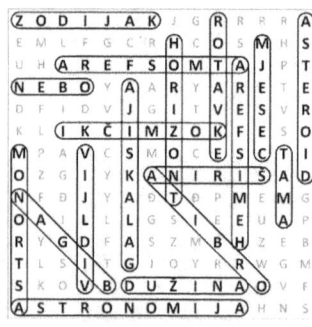

11 - Wiskunde

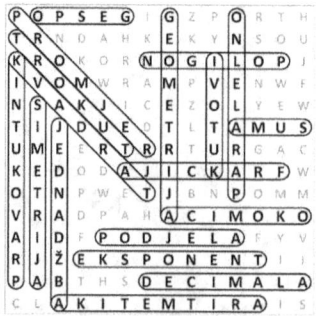

12 - Gezondheid en Welzijn #1

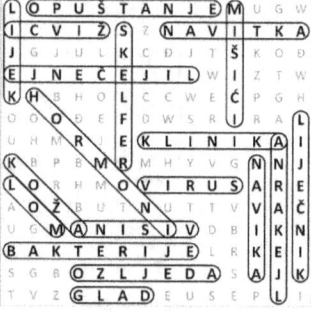

13 - Camping

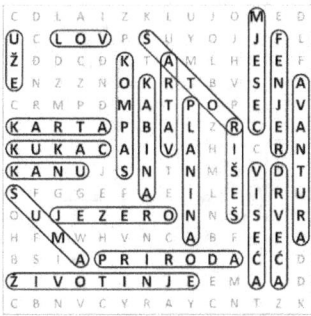

14 - Algebra

15 - Activiteiten

16 - Diplomatie

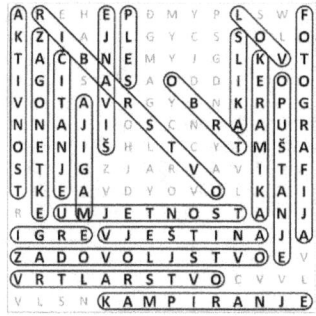

17 - Astronomie

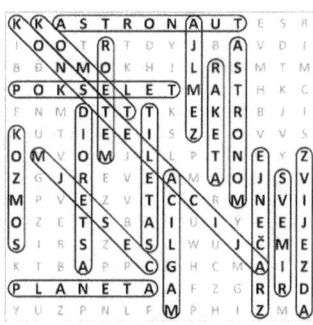

18 - Emoties

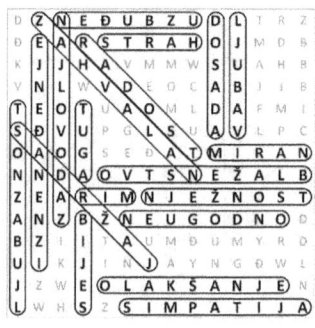

19 - Vakantie #2

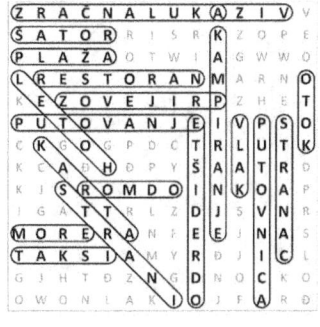

20 - Weersomstandigh

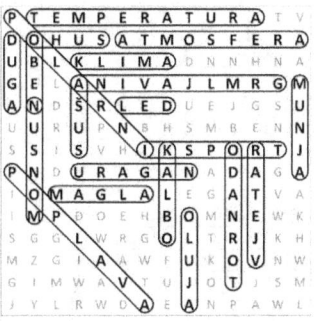

21 - Strand

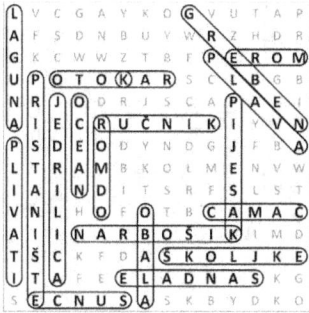

22 - Eten #2

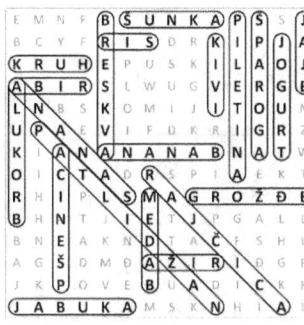

23 - Klimmen

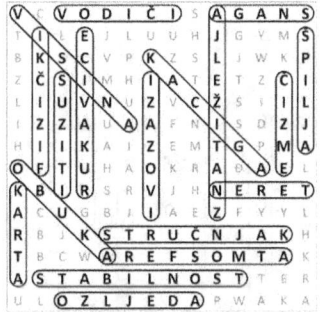

24 - Restaurant #1

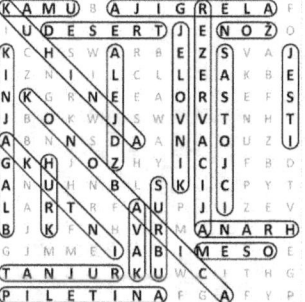

25 - Geologie

26 - Specerijen

27 - Groenten

28 - Archeologie

29 - Dans

30 - Mythologie

31 - Eten #1

32 - Avontuur

33 - Circus

34 - Restaurant #2

35 - De Media

36 - Bijen

37 - Wandelen

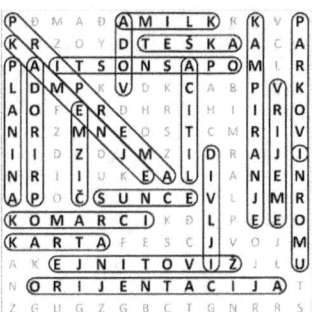

38 - Ecologie

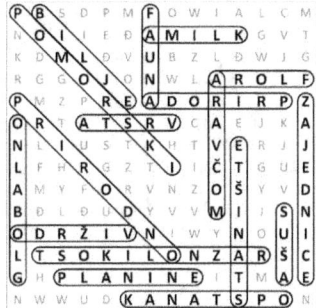

39 - Landen #1

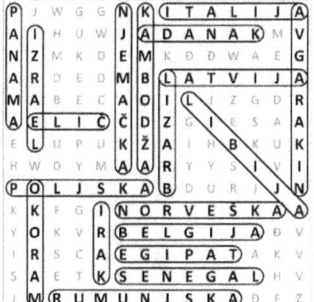

40 - Installaties

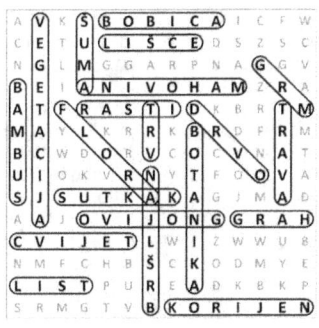

41 - Oceaan

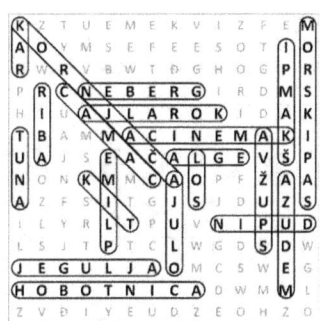

42 - Landen #2

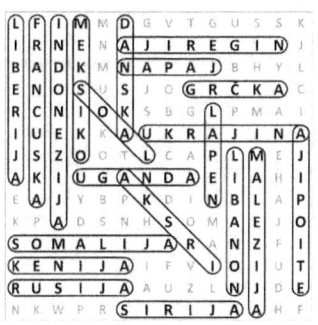

43 - Bloemen

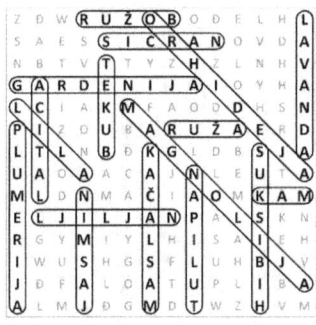

44 - Huisdieren

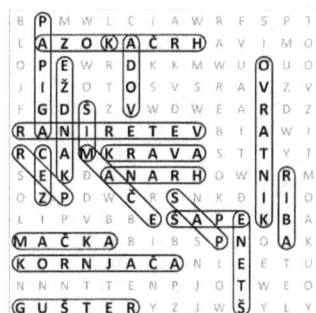

45 - Landschappen

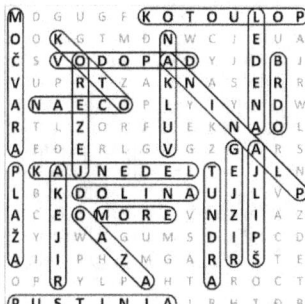

46 - Tuin

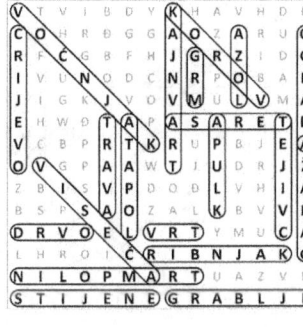

47 - Beroepen #2

48 - Dagen en Maanden

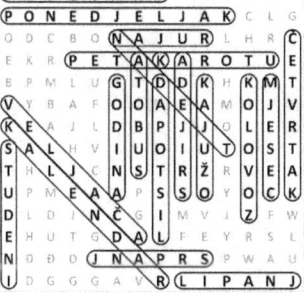

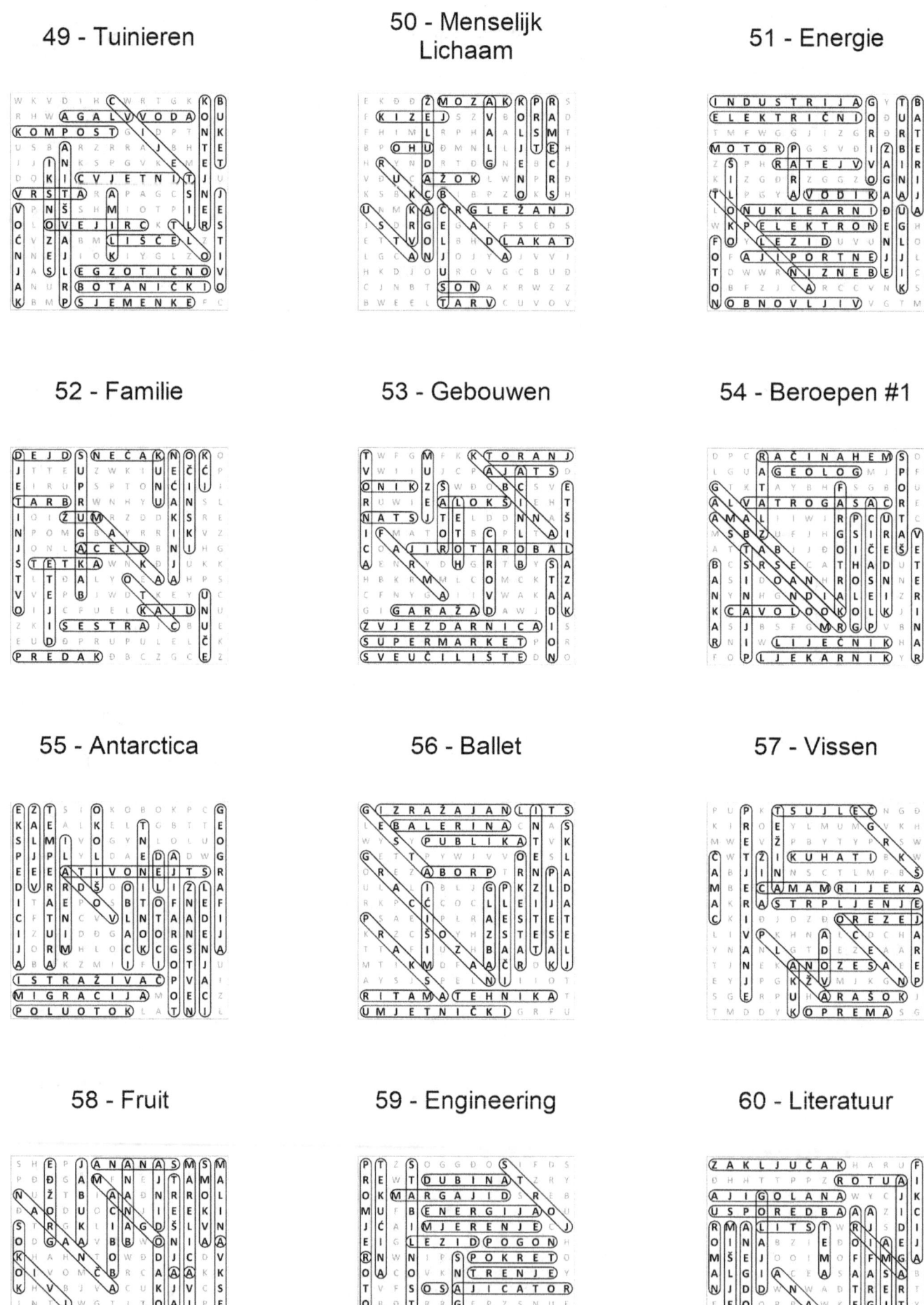

49 - Tuinieren

50 - Menselijk Lichaam

51 - Energie

52 - Familie

53 - Gebouwen

54 - Beroepen #1

55 - Antarctica

56 - Ballet

57 - Vissen

58 - Fruit

59 - Engineering

60 - Literatuur

61 - Boeken

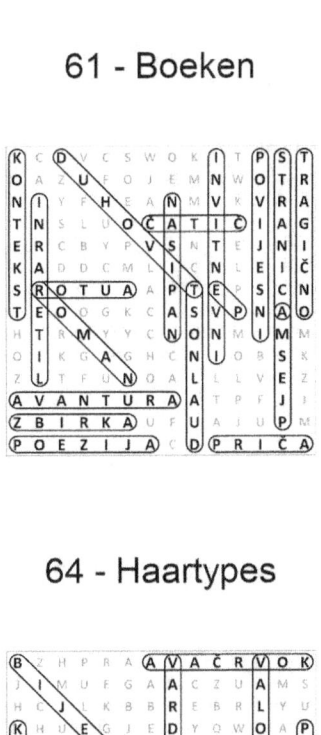

62 - Meer Informatie

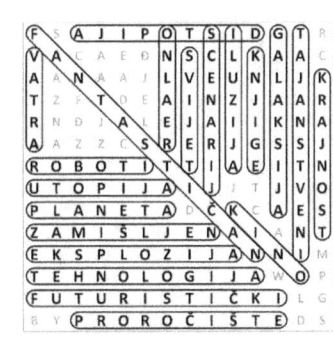

63 - Regenwoud

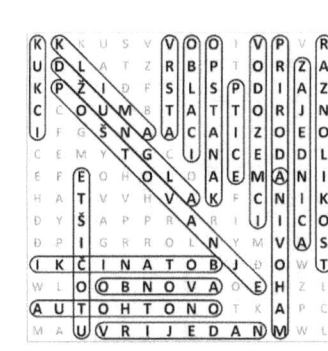

64 - Haartypes

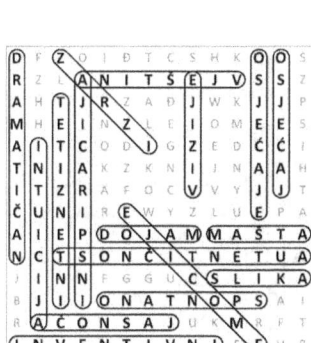

65 - Stad

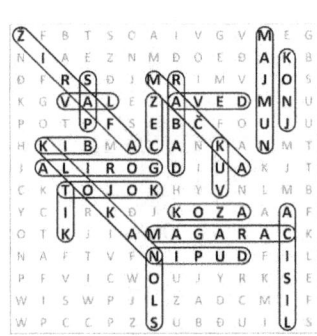

66 - Creativiteit

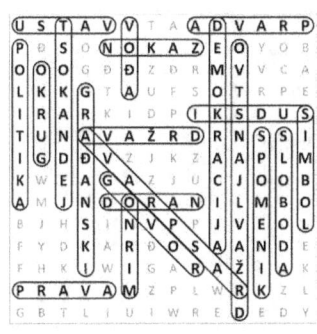

67 - Natuur

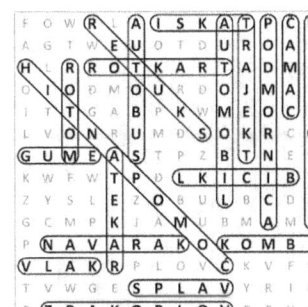

68 - Zoogdieren

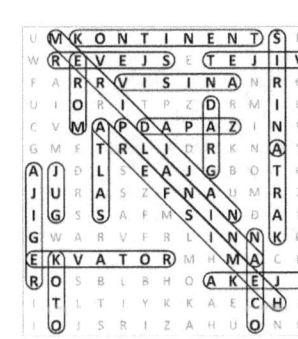

69 - Overheid

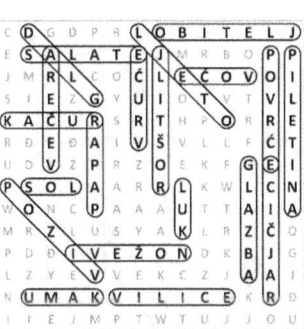

70 - Voertuigen

71 - Geografie

72 - Barbecues

73 - Schoonheid

74 - Wetenschappelijk

75 - Bijvoeglijke Naamwoorden

76 - Kleding

77 - Vliegtuigen

78 - Herbalisme

79 - Kracht en Zwaartekracht

80 - Rijden

81 - Wetenschap

82 - Natuurkunde

83 - Muziekinstrument

84 - Antiek

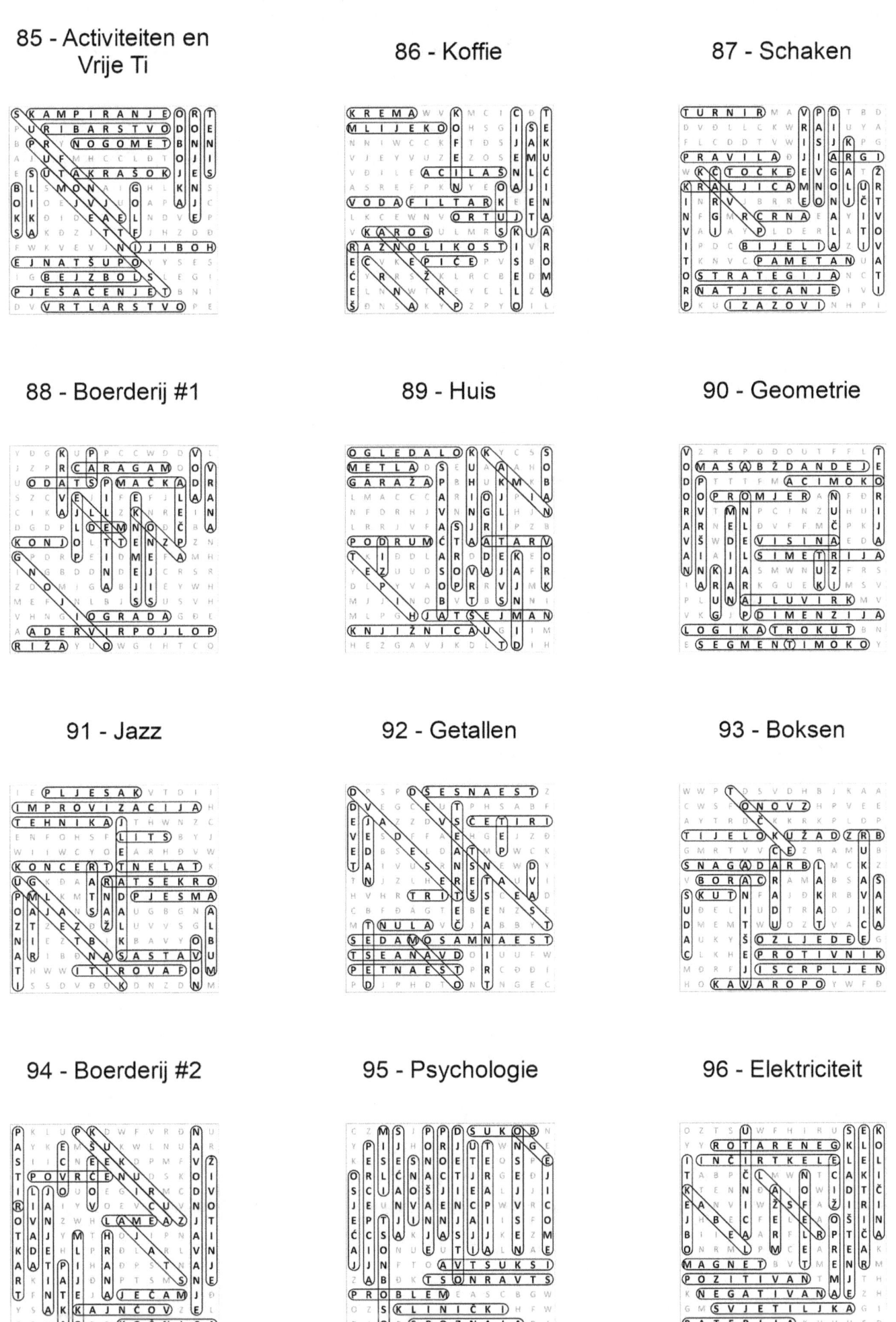

85 - Activiteiten en Vrije Ti

86 - Koffie

87 - Schaken

88 - Boerderij #1

89 - Huis

90 - Geometrie

91 - Jazz

92 - Getallen

93 - Boksen

94 - Boerderij #2

95 - Psychologie

96 - Elektriciteit

97 - Zakelijk

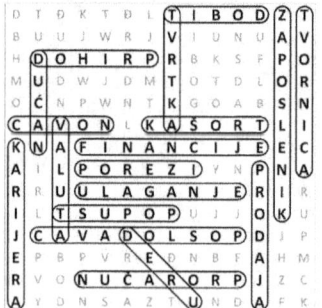

98 - Voeding

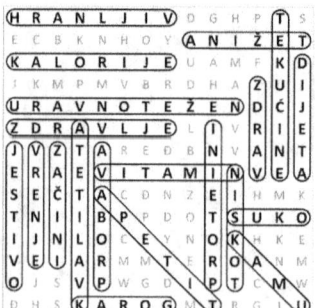

99 - Chemie

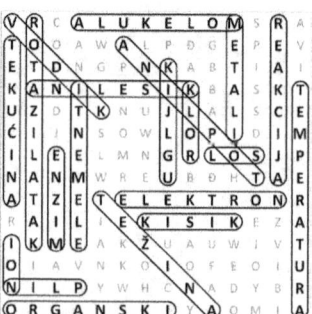

Woordenboek

Activiteiten
Aktivnosti

Activiteit	Aktivnost
Ambachten	Obrt
Dansen	Ples
Fotografie	Fotografija
Games	Igre
Hengelsport	Ribarstvo
Jacht	Lov
Kamperen	Kampiranje
Keramiek	Keramika
Kunst	Umjetnost
Lezen	Čitanje
Magie	Magija
Naaien	Šivanje
Ontspanning	Opuštanje
Plezier	Zadovoljstvo
Puzzels	Zagonetke
Schilderij	Slika
Tuinieren	Vrtlarstvo
Vaardigheid	Vještina
Wandelen	Pješačenje

Activiteiten en Vrije Ti
Zabava i Slobodno Vrijeme

Basketbal	Košarka
Boksen	Boks
Duiken	Ronjenje
Golf	Golf
Hengelsport	Ribarstvo
Hobby	Hobiji
Honkbal	Bejzbol
Kamperen	Kampiranje
Kunst	Umjetnost
Ontspannen	Opuštanje
Reis	Putovati
Schilderij	Slika
Surfen	Surfanje
Tennis	Tenis
Tuinieren	Vrtlarstvo
Voetbal	Nogomet
Volleybal	Odbojka
Wandelen	Pješačenje
Zwemmen	Plivanje

Algebra
Algebra

Aftrekken	Oduzimanje
Diagram	Dijagram
Divisie	Podjela
Exponent	Eksponent
Factor	Faktor
Formule	Formula
Fractie	Frakcija
Grafiek	Grafikon
Haakje	Zagrada
Hoeveelheid	Količina
Lineair	Linearni
Matrix	Matrica
Nul	Nula
Oneindig	Beskonačno
Oplossing	Rješenje
Probleem	Problem
Som	Suma
Vals	Lažno
Variabele	Varijabla
Vergelijking	Jednadžba

Antarctica
Antarktika

Baai	Zaljev
Behoud	Konzervacija
Continent	Kontinent
Eilanden	Otoci
Expeditie	Ekspedicija
Geografie	Geografija
Gletsjers	Ledenjaci
Ijs	Led
Migratie	Migracija
Mineralen	Minerali
Omgeving	Okoliš
Onderzoeker	Istraživač
Pinguïn	Pingvini
Rotsachtig	Stjenovita
Schiereiland	Poluotok
Temperatuur	Temperatura
Topografie	Topografija
Water	Voda
Wetenschappelijk	Znanstven
Wolken	Oblaci

Antiek
Antikviteti

Authentiek	Autentično
Beeldhouwwerk	Skulptura
Decoratief	Ukrasno
Eeuw	Stoljeće
Elegant	Elegantan
Galerij	Galerija
Investering	Ulaganje
Kunst	Umjetnost
Kwaliteit	Kvaliteta
Liefhebber	Entuzijasta
Meubilair	Namještaj
Munten	Kovanice
Ongewoon	Neobično
Oud	Star
Prijs	Cijena
Restauratie	Obnova
Schilderijen	Slike
Stijl	Stil
Veiling	Aukcija
Waarde	Vrijednost

Archeologie
Arheologija

Analyse	Analiza
Beschaving	Civilizacija
Botten	Kosti
Deskundige	Stručnjak
Evaluatie	Evaluacija
Fossiel	Fosil
Fragmenten	Fragmenti
Graf	Grob
Jaren	Godine
Mysterie	Misterija
Nakomeling	Potomak
Objecten	Objekti
Onbekend	Nepoznat
Onderzoeker	Istraživač
Professor	Profesor
Relikwie	Relikvija
Team	Tim
Tempel	Hram
Tijdperk	Doba
Vergeten	Zaboravio

Astronomie
Astronomija

Aarde	Zemlja
Asteroïde	Asteroid
Astronaut	Astronaut
Astronoom	Astronom
Equinox	Ekvinocija
Komeet	Komet
Kosmos	Kozmos
Maan	Mjesec
Meteoor	Meteor
Nevel	Maglica
Observatorium	Zvjezdarnica
Planeet	Planeta
Raket	Raketa
Satelliet	Satelit
Ster	Zvijezda
Sterrenbeeld	Konstelacija
Straling	Zračenje
Telescoop	Teleskop
Universum	Svemir
Zwaartekracht	Gravitacija

Avontuur
Avantura

Activiteit	Aktivnost
Bestemming	Odredište
Enthousiasme	Entuzijazam
Excursie	Izlet
Gevaarlijk	Opasno
Kans	Prilika
Moed	Hrabrost
Moeilijkheid	Teškoća
Natuur	Priroda
Navigatie	Navigacija
Nieuw	Novo
Ongewoon	Neobično
Reizen	Putovanja
Schoonheid	Ljepota
Uitdagingen	Izazovi
Veiligheid	Sigurnost
Verrassend	Iznenađujući
Voorbereiding	Priprema
Vreugde	Radost
Vrienden	Prijatelji

Ballet
Balet

Applaus	Pljesak
Artistiek	Umjetnički
Ballerina	Balerina
Choreografie	Koreografija
Componist	Skladatelj
Dansers	Plesači
Expressief	Izražajan
Gebaar	Gesta
Intensiteit	Intenzitet
Muziek	Glazba
Orkest	Orkestar
Praktijk	Praksa
Publiek	Publika
Repetitie	Proba
Ritme	Ritam
Sierlijk	Graciozan
Spieren	Mišići
Stijl	Stil
Techniek	Tehnika
Vaardigheid	Vještina

Barbecues
Roštilji

Diner	Večera
Familie	Obitelj
Fruit	Voće
Grill	Roštilj
Groente	Povrće
Heet	Vruće
Honger	Glad
Kip	Piletina
Lunch	Ručak
Messen	Noževi
Muziek	Glazba
Peper	Papar
Salades	Salate
Saus	Umak
Tomaten	Rajčice
Uien	Luk
Uitnodiging	Poziv
Vorken	Vilice
Zomer	Ljeto
Zout	Sol

Beroepen #1
Zanimanja № 1

Advocaat	Odvjetnik
Ambassadeur	Ambasador
Apotheker	Ljekarnik
Astronoom	Astronom
Atleet	Sportaš
Bankier	Bankar
Brandweerman	Vatrogasac
Cartograaf	Kartograf
Danser	Plesačica
Dierenarts	Veterinar
Dokter	Liječnik
Editor	Urednik
Geoloog	Geolog
Jager	Lovac
Juwelier	Zlatar
Monteur	Mehaničar
Muzikant	Glazbenik
Pianist	Pijanist
Psycholoog	Psiholog
Wetenschapper	Znanstvenik

Beroepen #2
Zanimanja № 2

Arts	Liječnik
Astronaut	Astronaut
Bibliothecaris	Knjižničar
Bioloog	Biolog
Chirurg	Kirurg
Detective	Detektiv
Filosoof	Filozof
Fotograaf	Fotograf
Illustrator	Ilustrator
Ingenieur	Inženjer
Journalist	Novinar
Leraar	Učitelj
Linguïst	Jezikoslovac
Onderzoeker	Istraživač
Piloot	Pilot
Schilder	Slikar
Tandarts	Zubar
Tuinman	Vrtlar
Uitvinder	Izumitelj
Zoöloog	Zoolog

Bijen
Pčele

Bestuiver	Oprašivač
Bijenkorf	Košnica
Bloemen	Cvijeće
Bloesem	Cvijet
Diversiteit	Raznolikost
Ecosysteem	Ekosustav
Fruit	Voće
Habitat	Stanište
Honing	Med
Insect	Kukac
Koningin	Kraljica
Rook	Dim
Stuifmeel	Pelud
Tuin	Vrt
Vleugels	Krila
Voedsel	Hrana
Voordelig	Korisno
Was	Vosak
Zon	Sunce
Zwerm	Roj

Bijvoeglijke Naamwoorden
Pridjevi № 1

Aantrekkelijk	Atraktivan
Actief	Aktivan
Ambitieus	Ambiciozan
Aromatisch	Aromatski
Artistiek	Umjetnički
Belangrijk	Važno
Diep	Duboko
Donker	Mrak
Dun	Tanak
Eerlijk	Iskren
Exotisch	Egzotično
Identiek	Identičan
Jong	Mladi
Lang	Dugo
Langzaam	Usporiti
Modern	Moderan
Onschuldig	Nevin
Perfect	Savršen
Waardevol	Vrijedan
Zwaar	Teška

Bijvoeglijke Naamwoorden
Pridjevi № 2

Authentiek	Autentično
Begaafd	Darovit
Beschrijvend	Opisni
Creatief	Kreativni
Dramatisch	Dramatičan
Gezond	Zdrav
Hongerig	Gladan
Interessant	Zanimljiv
Moe	Umorni
Natuurlijk	Prirodno
Nieuw	Novo
Normaal	Normalan
Productief	Produktivni
Slaperig	Pospan
Sterk	Jak
Trots	Ponosan
Verantwoordelijk	Odgovoran
Wild	Divlji
Zout	Slan
Zuiver	Čist

Bloemen
Cvijeće

Bloemblad	Latica
Boeket	Buket
Gardenia	Gardenija
Hibiscus	Hibiskus
Jasmijn	Jasmin
Klaver	Djetelina
Lavendel	Lavanda
Lelie	Ljiljan
Lila	Lila
Madeliefje	Tratinčica
Magnolia	Magnolija
Narcis	Narcis
Orchidee	Orhideja
Paardebloem	Maslačak
Papaver	Mak
Pioenroos	Božur
Plumeria	Plumerija
Roos	Ruža
Tulp	Tulipan
Zonnebloem	Suncokret

Boeken
Knjige

Auteur	Autor
Avontuur	Avantura
Bladzijde	Stranica
Collectie	Zbirka
Context	Kontekst
Dualiteit	Dualnost
Episch	Ep
Gedicht	Pjesma
Geschreven	Napisan
Historisch	Povijesni
Humoristisch	Duhovit
Inventief	Inventivni
Lezer	Čitač
Literair	Literarni
Poëzie	Poezija
Relevant	Relevantan
Roman	Roman
Tragisch	Tragično
Verhaal	Priča
Verteller	Pripovjedač

Boerderij #1
Farma Broj 1

Bij	Pčela
Ezel	Magarac
Geit	Koza
Hek	Ograda
Hond	Pas
Honing	Med
Hooi	Sijeno
Kalf	Tele
Kat	Mačka
Kip	Piletina
Koe	Krava
Kraai	Vrana
Kudde	Stado
Landbouw	Poljoprivreda
Mest	Gnojivo
Paard	Konj
Rijst	Riža
Veld	Polje
Water	Voda
Zaden	Sjemenke

Boerderij #2
Farma № 2

Bijenkorf	Košnica
Boomgaard	Voćnjak
Dieren	Životinje
Eend	Patka
Fruit	Voće
Gerst	Ječam
Groente	Povrće
Herder	Pastir
Irrigatie	Navodnjavanje
Lam	Janjetina
Lama	Lame
Maïs	Kukuruz
Melk	Mlijeko
Schaap	Ovce
Schuur	Staja
Tarwe	Pšenica
Tractor	Traktor
Voedsel	Hrana
Weide	Livada
Windmolen	Vjetrenjača

Boksen
Boks

Elleboog	Lakat
Handschoenen	Rukavice
Herstel	Oporavak
Hoek	Kut
Kin	Brada
Klok	Zvono
Kracht	Snaga
Lichaam	Tijelo
Punten	Točke
Scheidsrechter	Sudac
Schoppen	Udarac
Snel	Brz
Tegenstander	Protivnik
Touwen	Užad
Uitgeput	Iscrpljen
Vaardigheid	Vještina
Vechter	Borac
Verwondingen	Ozljede
Vuist	Šaka

Boten
Brodovi

Anker	Sidro
Bemanning	Posada
Boei	Plutača
Dok	Pristanište
Golven	Valovi
Jacht	Jahta
Kajak	Kajak
Kano	Kanu
Mast	Jarbol
Matroos	Mornar
Meer	Jezero
Motor	Motor
Nautisch	Pomorski
Oceaan	Ocean
Rivier	Rijeka
Touw	Uže
Veerboot	Trajekt
Vlot	Splav
Zee	More
Zeilboot	Jedrilica

Camping
Kampiranje

Avontuur	Avantura
Berg	Planina
Bomen	Drveća
Bos	Šuma
Brand	Vatra
Cabine	Kabina
Dieren	Životinje
Hangmat	Viseća
Hoed	Šešir
Insect	Kukac
Jacht	Lov
Kaart	Karta
Kano	Kanu
Kompas	Kompas
Lantaarn	Fenjer
Maan	Mjesec
Meer	Jezero
Natuur	Priroda
Tent	Šator
Touw	Uže

Chemie
Kemija

Chloor	Klor
Elektron	Elektron
Elementen	Elementi
Enzym	Enzim
Gas	Plin
Gewicht	Težina
Ion	Ion
Katalysator	Katalizator
Koolstof	Ugljik
Metalen	Metali
Molecuul	Molekula
Organisch	Organski
Reactie	Reakcija
Temperatuur	Temperatura
Vloeistof	Tekućina
Warmte	Toplina
Waterstof	Vodik
Zout	Sol
Zuur	Kiselina
Zuurstof	Kisik

Chocolade
Čokolada

Aroma	Aroma
Artisanaal	Zanatski
Bitter	Gorak
Cacao	Kakao
Calorieën	Kalorije
Exotisch	Egzotično
Favoriet	Omiljeni
Heerlijk	Ukusno
Ingrediënt	Sastojak
Karamel	Karamela
Kokosnoot	Kokos
Kwaliteit	Kvaliteta
Pinda'S	Kikiriki
Poeder	Prah
Recept	Recept
Smaak	Ukus
Snoep	Bombon
Suiker	Šećer
Verlangen	Žudnja
Zoet	Slatko

Circus
Cirkus

Aap	Majmun
Acrobaat	Akrobat
Ballonnen	Baloni
Clown	Klaun
Dieren	Životinje
Goochelaar	Čarobnjak
Jongleur	Žongler
Kaartje	Ulaznica
Kostuum	Kostim
Leeuw	Lav
Magie	Magija
Muziek	Glazba
Olifant	Slon
Parade	Parada
Snoep	Bombon
Tent	Šator
Tijger	Tigar
Toeschouwer	Gledatelj
Truc	Trik
Vermaken	Zabavljati

Creativiteit
Kreativnost

Artistiek	Umjetnički
Beeld	Slika
Dramatisch	Dramatičan
Echtheid	Autentičnost
Emoties	Emocije
Gevoel	Osjećaj
Gevoelens	Osjećaje
Helderheid	Jasnoća
Indruk	Dojam
Inspiratie	Inspiracija
Intensiteit	Intenzitet
Intuïtie	Intuicija
Inventief	Inventivni
Spontaan	Spontano
Uitdrukking	Izraz
Vaardigheid	Vještina
Verbeelding	Mašta
Visioenen	Vizije
Vitaliteit	Vitalnost
Vloeibaarheid	Fluidnost

Dagen en Maanden
Dani i Mjeseci

Augustus	Kolovoz
Dinsdag	Utorak
Donderdag	Četvrtak
Februari	Veljača
Jaar	Godina
Januari	Siječanj
Juli	Srpanj
Juni	Lipanj
Kalender	Kalendar
Maand	Mjesec
Maandag	Ponedjeljak
Maart	Ožujak
November	Studeni
Oktober	Listopad
September	Rujan
Vrijdag	Petak
Week	Tjedan
Woensdag	Srijeda
Zaterdag	Subota
Zondag	Nedjelja

Dans
Ples

Academie	Akademija
Beweging	Pokret
Blij	Radostan
Choreografie	Koreografija
Cultureel	Kulturni
Cultuur	Kultura
Emotie	Emocija
Expressief	Izražajan
Genade	Milost
Houding	Držanje
Klassiek	Klasični
Kunst	Umjetnost
Lichaam	Tijelo
Muziek	Glazba
Partner	Partner
Repetitie	Proba
Ritme	Ritam
Springen	Skok
Traditioneel	Tradicionalan
Visueel	Vidni

De Media
Mediji

Commercieel	Trgovački
Communicatie	Komunikacija
Digitaal	Digitalni
Editie	Izdanje
Feiten	Činjenice
Financiering	Financiranje
Foto'S	Fotografije
Houding	Stavovi
Industrie	Industrija
Intellectueel	Intelektualac
Kranten	Novine
Lokaal	Lokalni
Mening	Mišljenje
Netwerk	Mreža
Onderwijs	Obrazovanje
Online	Na Liniji
Publiek	Javnost
Radio	Radio
Televisie	Televizija
Tijdschriften	Časopisi

Diplomatie
Diplomacija

Adviseur	Savjetnik
Ambassadeur	Ambasador
Buitenlands	Strani
Burgers	Građani
Conflict	Sukob
Diplomatiek	Diplomatski
Discussie	Rasprava
Ethiek	Etika
Gemeenschap	Zajednica
Gerechtigheid	Pravda
Humanitair	Humanitarni
Integriteit	Integritet
Oplossing	Rješenje
Politiek	Politika
Regering	Vlada
Resolutie	Odluka
Samenwerking	Suradnja
Talen	Jezici
Veiligheid	Sigurnost
Verdrag	Ugovor

Ecologie
Ekologija

Bergen	Planine
Diversiteit	Raznolikost
Droogte	Suša
Duurzaam	Održiv
Fauna	Fauna
Flora	Flora
Gemeenschappen	Zajednice
Globaal	Globalno
Habitat	Stanište
Klimaat	Klima
Marinier	Pomorski
Moeras	Močvara
Natuur	Priroda
Natuurlijk	Prirodno
Overleving	Opstanak
Planten	Bilje
Soort	Vrsta
Vegetatie	Vegetacija
Vrijwilligers	Volonteri

Elektriciteit
Struja

Accu	Baterija
Apparatuur	Oprema
Draden	Žice
Elektricien	Električar
Elektrisch	Električni
Generator	Generator
Hoeveelheid	Količina
Kabel	Kabel
Lamp	Svjetiljka
Laser	Laser
Magneet	Magnet
Negatief	Negativan
Netwerk	Mreža
Objecten	Objekti
Opslag	Skladištenje
Positief	Pozitivan
Stopcontact	Utičnica
Telefoon	Telefon
Televisie	Televizija

Emoties
Emocije

Angst	Strah
Beschaamd	Neugodno
Dankbaar	Zahvalan
Droefheid	Tuga
Gelukzaligheid	Blaženstvo
Inhoud	Sadržaj
Kalm	Miran
Liefde	Ljubav
Opgewonden	Uzbuđen
Opluchting	Olakšanje
Sympathie	Simpatija
Tederheid	Nježnost
Tevreden	Zadovoljan
Verrassing	Iznenađenje
Verveling	Dosada
Vrede	Mir
Vreugde	Radost
Vriendelijkheid	Ljubaznost
Woede	Bijes

Energie
Energija

Accu	Baterija
Benzine	Benzin
Brandstof	Gorivo
Diesel	Dizel
Elektrisch	Električni
Elektron	Elektron
Entropie	Entropija
Foton	Foton
Hernieuwbaar	Obnovljiv
Industrie	Industrija
Koolstof	Ugljik
Motor	Motor
Nucleair	Nuklearni
Omgeving	Okoliš
Stoom	Para
Turbine	Turbina
Vervuiling	Zagađenje
Warmte	Toplina
Waterstof	Vodik
Wind	Vjetar

Engineering
Inženjerska Umjetnost

As	Os
Berekening	Izračun
Beweging	Pokret
Bouw	Izgradnja
Diagram	Dijagram
Diameter	Promjer
Diepte	Dubina
Diesel	Dizel
Energie	Energija
Hoek	Kut
Kracht	Snaga
Machine	Stroj
Meting	Mjerenje
Motor	Motor
Rotatie	Rotacija
Stabiliteit	Stabilnost
Structuur	Struktura
Vloeistof	Tekućina
Voortstuwing	Pogon
Wrijving	Trenje

Eten #1
Hrana # 1

Aardbei	Jagoda
Abrikoos	Marelica
Basilicum	Bosiljak
Citroen	Limun
Gerst	Ječam
Kaneel	Cimet
Knoflook	Češnjak
Melk	Mlijeko
Peer	Kruška
Pinda	Kikiriki
Salade	Salata
Sap	Sok
Soep	Juha
Spinazie	Špinat
Suiker	Šećer
Tonijn	Tuna
Ui	Luk
Vlees	Meso
Wortel	Mrkva
Zout	Sol

Eten #2
Hrana # 2

Amandel	Badem
Ananas	Ananas
Appel	Jabuka
Asperge	Šparoga
Aubergine	Patlidžan
Banaan	Banana
Broccoli	Brokula
Brood	Kruh
Druif	Grožđe
Ei	Jaje
Ham	Šunka
Kaas	Sir
Kip	Piletina
Kiwi	Kivi
Perzik	Breskva
Rijst	Riža
Tarwe	Pšenica
Tomaat	Rajčica
Vis	Riba
Yoghurt	Jogurt

Familie
Obitelj

Broer	Brat
Dochter	Kći
Grootmoeder	Baka
Jeugd	Djetinjstvo
Kind	Dijete
Kinderen	Djeca
Kleinkind	Unuče
Kleinzoon	Unuk
Man	Muž
Moeder	Majka
Neef	Nećak
Nicht	Nećakinja
Oom	Ujak
Opa	Djed
Tante	Tetka
Vader	Otac
Vaderlijk	Očinski
Voorouder	Predak
Vrouw	Supruga
Zus	Sestra

Fruit
Voće

Abrikoos	Marelica
Ananas	Ananas
Appel	Jabuka
Avocado	Avokado
Banaan	Banana
Bes	Bobica
Citroen	Limun
Druif	Grožđe
Framboos	Malina
Kers	Trešnja
Kiwi	Kivi
Kokosnoot	Kokos
Mango	Mango
Meloen	Dinja
Oranje	Naranča
Papaja	Papaja
Peer	Kruška
Perzik	Breskva
Pruim	Šljiva
Vijg	Smokva

Gebouwen
Građevine

Appartement	Stan
Bioscoop	Kino
Boerderij	Farma
Cabine	Kabina
Fabriek	Tvornica
Garage	Garaža
Hotel	Hotel
Kasteel	Dvorac
Laboratorium	Laboratorij
Museum	Muzej
Observatorium	Zvjezdarnica
School	Škola
Schuur	Staja
Stadion	Stadion
Supermarkt	Supermarket
Tent	Šator
Theater	Kazalište
Toren	Toranj
Universiteit	Sveučilište
Ziekenhuis	Bolnica

Geografie
Geografija

Atlas	Atlas
Berg	Planina
Breedtegraad	Širina
Continent	Kontinent
Eiland	Otok
Evenaar	Ekvator
Halfrond	Hemisfera
Hoogte	Visina
Kaart	Karta
Land	Zemlja
Meridiaan	Meridijan
Noorden	Sjever
Oceaan	Ocean
Regio	Regija
Rivier	Rijeka
Stad	Grad
Wereld	Svijet
Westen	Zapad
Zee	More
Zuiden	Jug

Geologie
Geologija

Aardbeving	Potres
Calcium	Kalcij
Continent	Kontinent
Erosie	Erozija
Fossiel	Fosil
Geiser	Gejzir
Gesmolten	Rastopljen
Grot	Kaverna
Koraal	Koralja
Kristallen	Kristali
Kwarts	Kvarc
Laag	Sloj
Lava	Lava
Plateau	Plato
Stalactiet	Stalaktit
Steen	Kamen
Vulkaan	Vulkan
Zone	Zona
Zout	Sol
Zuur	Kiselina

Geometrie
Geometrija

Berekening	Izračun
Cirkel	Krug
Curve	Krivulja
Diameter	Promjer
Dimensie	Dimenzija
Driehoek	Trokut
Hoek	Kut
Hoogte	Visina
Horizontaal	Vodoravan
Logica	Logika
Loodrecht	Okomica
Massa	Masa
Mediaan	Medijan
Oppervlak	Površina
Parallel	Paralelno
Segment	Segment
Symmetrie	Simetrija
Theorie	Teorija
Vergelijking	Jednadžba
Verticaal	Okomit

Getallen
Brojevi

Acht	Osam
Achttien	Osamnaest
Dertien	Trinaest
Drie	Tri
Een	Jedan
Negen	Devet
Negentien	Devetnaest
Nul	Nula
Tien	Deset
Twaalf	Dvanaest
Twee	Dva
Twintig	Dvadeset
Veertien	Četrnaest
Vier	Četiri
Vijf	Pet
Vijftien	Petnaest
Zes	Šest
Zestien	Šesnaest
Zeven	Sedam
Zeventien	Sedamnaest

Gezondheid en Welzijn #1
Zdravlje i Wellness # 1

Actief	Aktivan
Apotheek	Ljekarna
Bacteriën	Bakterije
Behandeling	Liječenje
Breuk	Lom
Dokter	Liječnik
Gewoonte	Navika
Honger	Glad
Hoogte	Visina
Hormonen	Hormoni
Huid	Koža
Kliniek	Klinika
Letsel	Ozljeda
Medicijn	Lijek
Ontspanning	Opuštanje
Reflex	Refleks
Spieren	Mišići
Therapie	Terapija
Virus	Virus
Zenuwen	Živci

Gezondheid en Welzijn #2
Zdravlje i Wellness # 2

Allergie	Alergija
Anatomie	Anatomija
Bloed	Krv
Calorie	Kalorija
Dieet	Dijeta
Energie	Energija
Genetica	Genetika
Gewicht	Težina
Gezond	Zdrav
Herstel	Oporavak
Hygiëne	Higijena
Infectie	Infekcija
Lichaam	Tijelo
Massage	Masaža
Spijsvertering	Probava
Stress	Stres
Vitamine	Vitamin
Voeding	Ishrana
Ziekenhuis	Bolnica
Ziekte	Bolest

Groenten
Povrće

Artisjok	Artičoka
Aubergine	Patlidžan
Broccoli	Brokula
Erwt	Grašak
Gember	Đumbir
Knoflook	Češnjak
Komkommer	Krastavac
Olijf	Maslina
Paddestoel	Gljiva
Peterselie	Peršin
Pompoen	Bundeva
Raap	Repa
Radijs	Rotkvica
Salade	Salata
Selderij	Celer
Sjalot	Luk Kozjak
Spinazie	Špinat
Tomaat	Rajčica
Ui	Luk
Wortel	Mrkva

Haartypes
Vrste Kose

Blond	Plavuša
Bruin	Smeđ
Dik	Debeo
Droog	Suho
Dun	Tanak
Gevlochten	Pletena
Gezond	Zdrav
Glimmend	Sjajan
Golvend	Valovita
Grijs	Siva
Kaal	Ćelav
Kort	Kratak
Krullen	Kovrče
Krullend	Kovrčava
Lang	Dugo
Vlechten	Pletenice
Wit	Bijeli
Zacht	Mekan
Zilver	Srebro
Zwart	Crna

Herbalisme
Herbalizam

Aromatisch	Aromatski
Basilicum	Bosiljak
Bloem	Cvijet
Culinair	Kulinarski
Dille	Kopar
Dragon	Dragulj
Groen	Zelen
Ingrediënt	Sastojak
Knoflook	Češnjak
Kwaliteit	Kvaliteta
Lavendel	Lavanda
Marjolein	Mažuran
Oregano	Origano
Peterselie	Peršin
Rozemarijn	Ružmarin
Saffraan	Šafran
Smaak	Okus
Tijm	Timijan
Tuin	Vrt
Venkel	Komorač

Huis
Kuća

Bezem	Metla
Bibliotheek	Knjižnica
Dak	Krov
Deur	Vrata
Douche	Tuš
Garage	Garaža
Haard	Kamin
Hek	Ograda
Kamer	Soba
Kelder	Podrum
Keuken	Kuhinja
Lamp	Svjetiljka
Meubilair	Namještaj
Muur	Zid
Plafond	Strop
Schoorsteen	Dimnjak
Slaapkamer	Spavaća Soba
Spiegel	Ogledalo
Tapijt	Tepih
Tuin	Vrt

Huisdieren
Kućni Ljubimci

Dierenarts	Veterinar
Geit	Koza
Hagedis	Gušter
Hamster	Hrčak
Hond	Pas
Kat	Mačka
Katje	Mače
Klauwen	Kandže
Koe	Krava
Konijn	Zec
Kraag	Ovratnik
Muis	Miš
Papegaai	Papiga
Poten	Šape
Puppy	Štene
Schildpad	Kornjača
Staart	Rep
Vis	Riba
Voedsel	Hrana
Water	Voda

Installaties
Biljke

Bamboe	Bambus
Bes	Bobica
Blad	List
Bloem	Cvijet
Boom	Drvo
Boon	Grah
Bos	Šuma
Cactus	Kaktus
Flora	Flora
Gebladerte	Lišće
Gras	Trava
Groeien	Rasti
Klimop	Bršljan
Mest	Gnojivo
Mos	Mahovina
Plantkunde	Botanika
Struik	Grm
Tuin	Vrt
Vegetatie	Vegetacija
Wortel	Korijen

Jazz
Jazz

Album	Album
Applaus	Pljesak
Artiest	Umjetnik
Beroemd	Poznati
Componist	Skladatelj
Concert	Koncert
Favorieten	Favoriti
Genre	Žanr
Improvisatie	Improvizacija
Lied	Pjesma
Muziek	Glazba
Nadruk	Naglasak
Nieuw	Novo
Orkest	Orkestar
Oud	Star
Ritme	Ritam
Samenstelling	Sastav
Stijl	Stil
Talent	Talent
Techniek	Tehnika

Keuken
Kuhinja

Cup	Šalice
Eten	Jesti
Grill	Roštilj
Ketel	Čajnik
Koelkast	Hladnjak
Kom	Zdjela
Kruik	Vrč
Lepels	Žlice
Messen	Noževi
Oven	Pećnica
Pollepel	Kutlača
Recept	Recept
Schort	Pregača
Servet	Ubrus
Specerijen	Začini
Spons	Spužva
Voedsel	Hrana
Vorken	Vilice
Vriezer	Zamrzivač

Kleding
Odjeća

Armband	Narukvica
Blouse	Bluza
Broek	Hlače
Handschoenen	Rukavice
Hoed	Šešir
Jas	Kaput
Jasje	Jakna
Jurk	Haljina
Ketting	Ogrlica
Mode	Moda
Pyjama	Pidžama
Riem	Pojas
Rok	Suknja
Sandalen	Sandale
Schoen	Cipela
Schort	Pregača
Shirt	Košulja
Sjaal	Šal
Sokken	Čarape
Trui	Džemper

Klimmen
Penjanje po Stijenama

Atmosfeer	Atmosfera
Deskundige	Stručnjak
Fysiek	Fizički
Gidsen	Vodiči
Grot	Špilja
Handschoenen	Rukavice
Helm	Kaciga
Hoogte	Visina
Kaart	Karta
Kracht	Snaga
Laarzen	Čizme
Letsel	Ozljeda
Nieuwsgierigheid	Znatiželja
Opleiding	Obuka
Smal	Suziti
Stabiliteit	Stabilnost
Terrein	Teren
Uitdagingen	Izazovi
Wandelen	Pješačenje

Koffie
Kava

Aroma	Aroma
Beker	Šalica
Bitter	Gorak
Cafeïne	Kofein
Drank	Piće
Filter	Filtar
Geroosterd	Pržena
Malen	Samljeti
Melk	Mlijeko
Ochtend	Jutro
Oorsprong	Podrijetlo
Prijs	Cijena
Room	Krema
Smaak	Okus
Suiker	Šećer
Variëteit	Raznolikost
Vloeistof	Tekućina
Water	Voda
Zuur	Kiselo
Zwart	Crna

Kracht en Zwaartekracht
Snaga i Gravitacija

Afstand	Udaljenost
As	Os
Baan	Orbita
Beweging	Pokret
Centrum	Centar
Druk	Pritisak
Dynamisch	Dinamičan
Eigendommen	Svojstva
Gewicht	Težina
Impact	Udarac
Magnetisme	Magnetizam
Mechanica	Mehanika
Natuurkunde	Fizika
Ontdekking	Otkriće
Planeten	Planete
Snelheid	Brzina
Tijd	Vrijeme
Uitbreiding	Proširenje
Universeel	Univerzalan
Wrijving	Trenje

Landen #1
Zemlje № 1

België	Belgija
Brazilië	Brazil
Cambodja	Kambodža
Canada	Kanada
Chili	Čile
Duitsland	Njemačka
Egypte	Egipat
Irak	Irak
Israël	Izrael
Italië	Italija
Letland	Latvija
Libië	Libija
Marokko	Maroko
Nicaragua	Nikaragva
Noorwegen	Norveška
Panama	Panama
Polen	Poljska
Roemenië	Rumunjska
Senegal	Senegal
Spanje	Španjolska

Landen #2
Zemlje № 2

Denemarken	Danska
Ethiopië	Etiopija
Frankrijk	Francuska
Griekenland	Grčka
Ierland	Irska
Indonesië	Indonezija
Japan	Japan
Kenia	Kenija
Laos	Laos
Libanon	Libanon
Liberia	Liberija
Maleisië	Malezija
Mexico	Meksiko
Nepal	Nepal
Nigeria	Nigerija
Oeganda	Uganda
Oekraïne	Ukrajina
Rusland	Rusija
Somalië	Somalija
Syrië	Sirija

Landschappen
Krajolici

Berg	Planina
Eiland	Otok
Geiser	Gejzir
Gletsjer	Ledenjak
Grot	Špilja
Heuvel	Brdo
Ijsberg	Ledena
Meer	Jezero
Moeras	Močvara
Oase	Oaza
Oceaan	Ocean
Rivier	Rijeka
Schiereiland	Poluotok
Strand	Plaža
Toendra	Tundra
Vallei	Dolina
Vulkaan	Vulkan
Waterval	Vodopad
Woestijn	Pustinja
Zee	More

Literatuur
Književnost

Analogie	Analogija
Analyse	Analiza
Anekdote	Anegdota
Auteur	Autor
Biografie	Biografija
Conclusie	Zaključak
Dialoog	Dijalog
Fictie	Fikcija
Gedicht	Pjesma
Mening	Mišljenje
Metafoor	Metafora
Poëtisch	Pjesnički
Rijm	Rima
Ritme	Ritam
Roman	Roman
Stijl	Stil
Thema	Tema
Tragedie	Tragedija
Vergelijking	Usporedba
Verteller	Pripovjedač

Meditatie
Meditacija

Aandacht	Pažnja
Aanvaarding	Prihvaćanje
Ademhaling	Disanje
Beweging	Pokret
Dankbaarheid	Zahvalnost
Emoties	Emocije
Gedachten	Misli
Geluk	Sreća
Helderheid	Jasnoća
Houding	Držanje
Mededogen	Suosjećanje
Mentaal	Mentalno
Muziek	Glazba
Natuur	Priroda
Observatie	Promatranje
Perspectief	Perspektiva
Stilte	Tišina
Vrede	Mir
Vriendelijkheid	Ljubaznost
Wakker	Budan

Meer Informatie
Znanstvena Fantastika

Bioscoop	Kino
Boeken	Knjige
Brand	Vatra
Denkbeeldig	Zamišljen
Dystopie	Distopija
Explosie	Eksplozija
Extreem	Krajnost
Fantastisch	Fantastičan
Futuristisch	Futuristički
Illusie	Iluzija
Mysterieus	Tajanstveni
Orakel	Proročište
Planeet	Planeta
Realistisch	Realno
Robots	Roboti
Scenario	Scenarij
Sterrenstelsel	Galaksija
Technologie	Tehnologija
Utopie	Utopija
Wereld	Svijet

Menselijk Lichaam
Ljudsko Tijelo

Been	Noga
Bloed	Krv
Elleboog	Lakat
Enkel	Gležanj
Hand	Ruka
Hart	Srce
Hersenen	Mozak
Hoofd	Glava
Huid	Koža
Kaak	Čeljust
Kin	Brada
Knie	Koljeno
Maag	Želudac
Mond	Usta
Nek	Vrat
Neus	Nos
Oor	Uho
Schouder	Rame
Tong	Jezik
Vinger	Prst

Metingen
Mjerenja

Breedte	Širina
Byte	Bajt
Centimeter	Centimetar
Decimaal	Decimala
Diepte	Dubina
Gewicht	Težina
Graad	Stupanj
Gram	Gram
Hoogte	Visina
Inch	Inč
Kilogram	Kilogram
Kilometer	Kilometar
Lengte	Dužina
Liter	Litra
Massa	Masa
Meter	Metar
Minuut	Minuta
Ons	Unca
Ton	Tona
Volume	Volumen

Muziek
Glazba, Muzika

Album	Album
Ballade	Balada
Harmonie	Sklad
Improviseren	Improvizirati
Instrument	Instrument
Klassiek	Klasični
Koor	Zbor
Lyrisch	Lirski
Melodie	Melodija
Microfoon	Mikrofon
Muzikaal	Mjuzikl
Muzikant	Glazbenik
Opera	Opera
Opname	Snimanje
Poëtisch	Pjesnički
Ritme	Ritam
Ritmisch	Ritmičan
Tempo	Tempo
Zanger	Pjevač
Zingen	Pjevati

Muziekinstrumenten
Glazbeni Instrumenti

Banjo	Bendžo
Cello	Violončelo
Fagot	Fagot
Fluit	Flauta
Gitaar	Gitara
Gong	Gong
Harp	Harfa
Hobo	Oboa
Klarinet	Klarinet
Mandoline	Mandolina
Marimba	Marimba
Mondharmonica	Harmonika
Percussie	Udaraljke
Piano	Klavir
Saxofoon	Saksofon
Tamboerijn	Tamburaški
Trombone	Trombon
Trommel	Bubanj
Trompet	Truba
Viool	Violina

Mythologie
Mitologija

Archetype	Arhetip
Bliksem	Munja
Creatie	Stvaranje
Cultuur	Kultura
Donder	Grmljavina
Doolhof	Labirint
Gedrag	Ponašanje
Held	Junak
Heldin	Junakinja
Hemel	Nebo
Jaloezie	Ljubomora
Kracht	Snaga
Krijger	Ratnik
Legende	Legenda
Monster	Čudovište
Onsterfelijkheid	Besmrtnost
Ramp	Katastrofa
Sterfelijk	Smrtnik
Wezen	Stvorenje
Wraak	Osveta

Natuur
Priroda

Arctisch	Arktik
Bergen	Planine
Bijen	Pčele
Bos	Šuma
Dieren	Životinje
Dynamisch	Dinamičan
Erosie	Erozija
Gebladerte	Lišće
Gletsjer	Ledenjak
Heiligdom	Svetište
Mist	Magla
Rivier	Rijeka
Schoonheid	Ljepota
Schuilplaats	Sklonište
Sereen	Spokojan
Tropisch	Tropski
Vitaal	Bitan
Wild	Divlji
Woestijn	Pustinja
Wolken	Oblaci

Natuurkunde
Fizika

Atoom	Atom
Chaos	Kaos
Chemisch	Kemijski
Deeltje	Čestica
Dichtheid	Gustoća
Elektron	Elektron
Experiment	Eksperiment
Formule	Formula
Frequentie	Frekvencija
Gas	Plin
Magnetisme	Magnetizam
Massa	Masa
Mechanica	Mehanika
Molecuul	Molekula
Motor	Motor
Relativiteit	Relativnost
Snelheid	Brzina
Universeel	Univerzalan
Versnelling	Ubrzanje
Zwaartekracht	Gravitacija

Oceaan
Ocean

Aal	Jegulja
Algen	Alge
Boot	Čamac
Dolfijn	Dupin
Garnaal	Škampi
Getijden	Plime
Haai	Morski Pas
Koraal	Koralja
Krab	Rak
Kwal	Meduza
Octopus	Hobotnica
Oester	Kamenica
Rif	Greben
Schildpad	Kornjača
Spons	Spužva
Storm	Oluja
Tonijn	Tuna
Vis	Riba
Walvis	Kit
Zout	Sol

Overheid
Vlada

Burgerschap	Državljanstvo
Civiel	Građanski
Democratie	Demokracija
Discussie	Rasprava
Gelijkheid	Jednakost
Gerechtelijk	Sudski
Gerechtigheid	Pravda
Grondwet	Ustav
Leider	Vođa
Monument	Spomenik
Natie	Narod
Politiek	Politika
Rechten	Prava
Rustig	Mirno
Staat	Država
Symbool	Simbol
Toespraak	Govor
Vrijheid	Sloboda
Wet	Zakon
Wijk	Okrug

Psychologie
Psihologija

Beoordeling	Procjena
Bewusteloos	Nesvjesno
Cognitie	Spoznaja
Conflict	Sukob
Dromen	Snovi
Ego	Ego
Emoties	Emocije
Ervaringen	Iskustva
Gedachten	Misli
Gedrag	Ponašanje
Gevoel	Osjećaj
Herinneringen	Sjećanja
Invloed	Utjecaji
Jeugd	Djetinjstvo
Klinisch	Klinički
Perceptie	Percepcija
Persoonlijkheid	Osobnost
Probleem	Problem
Realiteit	Stvarnost
Therapie	Terapija

Regenwoud
Prašuma

Amfibieën	Vodozemci
Behoud	Očuvanje
Botanisch	Botanički
Diversiteit	Raznolikost
Gemeenschap	Zajednica
Inheems	Autohtono
Insecten	Kukci
Jungle	Džungla
Klimaat	Klima
Mos	Mahovina
Natuur	Priroda
Overleving	Opstanak
Respect	Poštovanje
Restauratie	Obnova
Soort	Vrsta
Toevlucht	Utočište
Vogels	Ptice
Waardevol	Vrijedan
Wolken	Oblaci
Zoogdieren	Sisavci

Restaurant #1
Restoran Broj 1

Allergie	Alergija
Bord	Tanjur
Brood	Kruh
Eten	Jesti
Ingrediënten	Sastojci
Kassier	Blagajnik
Keuken	Kuhinja
Kip	Piletina
Koffie	Kava
Kom	Zdjela
Menu	Jelovnik
Mes	Nož
Pittig	Akutni
Reservering	Rezervacija
Saus	Umak
Serveerster	Konobarica
Servet	Ubrus
Toetje	Desert
Vlees	Meso
Voedsel	Hrana

Restaurant #2
Restoran Broj 2

Cake	Torta
Diner	Večera
Drank	Piće
Eieren	Jaja
Fruit	Voće
Groente	Povrće
Heerlijk	Ukusno
Ijs	Led
Lepel	Žlica
Lunch	Ručak
Noedels	Rezanci
Ober	Konobar
Salade	Salata
Soep	Juha
Specerijen	Začini
Stoel	Stolica
Vis	Riba
Vork	Vilica
Water	Voda
Zout	Sol

Rijden
Vožnja

Auto	Automobil
Brandstof	Gorivo
Garage	Garaža
Gas	Plin
Gevaar	Opasnost
Kaart	Karta
Licentie	Licenca
Motor	Motor
Motorfiets	Motocikl
Ongeluk	Nesreća
Politie	Policija
Remmen	Kočnice
Snelheid	Brzina
Straat	Ulica
Tunnel	Tunel
Veiligheid	Sigurnost
Verkeer	Promet
Voetganger	Pješak
Vrachtauto	Kamion
Weg	Cesta

Schaken
Šah

Diagonaal	Dijagonala
Kampioen	Prvak
Koning	Kralj
Koningin	Kraljica
Leren	Učiti
Offer	Žrtvovati
Passief	Pasivno
Punten	Točke
Reglement	Pravila
Slim	Pametan
Spel	Igra
Speler	Igrač
Strategie	Strategija
Tegenstander	Protivnik
Tijd	Vrijeme
Toernooi	Turnir
Uitdagingen	Izazovi
Wedstrijd	Natjecanje
Wit	Bijeli
Zwart	Crna

Schoonheid
Ljepota

Charme	Šarm
Cosmetica	Kozmetika
Diensten	Usluge
Elegant	Elegantan
Elegantie	Elegancija
Fotogeniek	Fotogeničan
Genade	Milost
Geur	Miris
Huid	Koža
Kleur	Boja
Krullen	Kovrče
Lippenstift	Ruž
Mascara	Maskara
Oliën	Ulja
Producten	Proizvodi
Schaar	Škare
Shampoo	Šampon
Spiegel	Ogledalo
Stilist	Stilist
Verzinnen	Šminka

Specerijen
Začini

Anijs	Anis
Bitter	Gorak
Fenegriek	Piskavica
Gember	Đumbir
Kaneel	Cimet
Kardemom	Kardamom
Kerrie	Curry
Knoflook	Češnjak
Komijn	Kumin
Koriander	Korijander
Kurkuma	Kurkuma
Paprika	Paprika
Peper	Papar
Saffraan	Šafran
Smaak	Okus
Ui	Luk
Vanille	Vanilija
Venkel	Komorač
Zoet	Slatko
Zout	Sol

Stad
Grad

Apotheek	Ljekarna
Bakkerij	Pekara
Bank	Banka
Bibliotheek	Knjižnica
Bioscoop	Kino
Bloemist	Cvjećar
Boekhandel	Knjižara
Dierentuin	Zoološki Vrt
Galerij	Galerija
Hotel	Hotel
Kliniek	Klinika
Luchthaven	Zračna Luka
Markt	Tržište
Museum	Muzej
School	Škola
Stadion	Stadion
Supermarkt	Supermarket
Theater	Kazalište
Universiteit	Sveučilište
Winkel	Pohraniti

Strand
Plaža

Blauw	Plava
Boot	Čamac
Dok	Pristanište
Eiland	Otok
Handdoek	Ručnik
Krab	Rak
Kust	Obala
Lagune	Laguna
Oceaan	Ocean
Paraplu	Kišobran
Rif	Greben
Sandalen	Sandale
Schelpen	Školjke
Vakantie	Odmor
Zand	Pijesak
Zee	More
Zeilboot	Jedrilica
Zon	Sunce
Zwemmen	Plivati

Tijd
Vrijeme

Dag	Dan
Decennium	Desetljeće
Eeuw	Stoljeće
Gisteren	Jučer
Jaar	Godina
Jaarlijks	Godišnji
Kalender	Kalendar
Klok	Sat
Maand	Mjesec
Middag	Podne
Minuut	Minuta
Morgen	Sutra
Na	Nakon
Nacht	Noć
Nu	Sada
Ochtend	Jutro
Toekomst	Budućnost
Vandaag	Danas
Vroeg	Rano
Week	Tjedan

Tuin
Vrt

Bank	Klupa
Bloem	Cvijet
Boom	Drvo
Boomgaard	Voćnjak
Garage	Garaža
Gazon	Travnjak
Gras	Trava
Hangmat	Viseća
Hark	Grablje
Hek	Ograda
Onkruid	Korov
Rotsen	Stijene
Schop	Lopata
Slang	Crijevo
Struik	Grm
Terras	Terasa
Trampoline	Trampolin
Tuin	Vrt
Vijver	Ribnjak
Wijnstok	Loza

Tuinieren
Vrtlarstvo

Blad	List
Bloemen	Cvjetni
Bloesem	Cvijet
Bodem	Tlo
Boeket	Buket
Boomgaard	Voćnjak
Botanisch	Botanički
Compost	Kompost
Container	Kontejner
Eetbaar	Jestivo
Exotisch	Egzotično
Gebladerte	Lišće
Klimaat	Klima
Seizoensgebonden	Sezonski
Slang	Crijevo
Soort	Vrsta
Vocht	Vlaga
Vuil	Prljavština
Water	Voda
Zaden	Sjemenke

Universum
Svemir

Asteroïde	Asteroid
Astronomie	Astronomija
Astronoom	Astronom
Atmosfeer	Atmosfera
Baan	Orbita
Breedtegraad	Širina
Dierenriem	Zodijak
Duisternis	Tama
Evenaar	Ekvator
Halfrond	Hemisfera
Hemel	Nebo
Horizon	Horizont
Kantelen	Nagib
Kosmisch	Kozmički
Lengtegraad	Dužina
Maan	Mjesec
Sterrenstelsel	Galaksija
Telescoop	Teleskop
Zichtbaar	Vidljiv
Zonnewende	Solsticij

Vakantie #2
Odmor № 2

Bestemming	Odredište
Buitenlander	Stranac
Buitenlands	Strani
Eiland	Otok
Hotel	Hotel
Kaart	Karta
Kamperen	Kampiranje
Luchthaven	Zračna Luka
Paspoort	Putovnica
Reis	Putovanje
Reserveringen	Rezervacije
Restaurant	Restoran
Strand	Plaža
Taxi	Taksi
Tent	Šator
Trein	Vlak
Vakantie	Odmor
Vervoer	Prijevoz
Visum	Viza
Zee	More

Vissen
Ribarstvo

Aas	Mamac
Apparatuur	Oprema
Boot	Čamac
Draad	Žica
Geduld	Strpljenje
Gewicht	Težina
Haak	Kuka
Kaak	Čeljust
Kieuwen	Škrge
Kok	Kuhati
Mand	Košara
Meer	Jezero
Oceaan	Ocean
Overdrijving	Pretjerivanje
Rivier	Rijeka
Seizoen	Sezona
Strand	Plaža
Vinnen	Peraje
Water	Voda

Vliegtuigen
Zrakoplovi

Afdaling	Silazak
Atmosfeer	Atmosfera
Avontuur	Avantura
Ballon	Balon
Bemanning	Posada
Bouw	Izgradnja
Brandstof	Gorivo
Geschiedenis	Povijest
Hemel	Nebo
Hoogte	Visina
Landen	Slijetanje
Lucht	Zrak
Motor	Motor
Ontwerp	Dizajn
Passagier	Putnik
Piloot	Pilot
Propellers	Propeleri
Richting	Smjer
Turbulentie	Turbulencija
Waterstof	Vodik

Voeding
Prehrana

Bitter	Gorak
Calorieën	Kalorije
Dieet	Dijeta
Eetbaar	Jestivo
Eetlust	Apetit
Eiwitten	Proteini
Evenwichtig	Uravnotežen
Fermentatie	Vrenje
Gewicht	Težina
Gezond	Zdrav
Gezondheid	Zdravlje
Kwaliteit	Kvaliteta
Saus	Umak
Smaak	Okus
Specerijen	Začini
Spijsvertering	Probava
Toxine	Toksin
Vitamine	Vitamin
Vloeistoffen	Tekućine
Voedingsstof	Hranljiv

Voertuigen
Vozila

Ambulance	Hitna Pomoć
Auto	Automobil
Banden	Gume
Bestelwagen	Kombi
Boot	Čamac
Bus	Autobus
Caravan	Karavan
Fiets	Bicikl
Helikopter	Helikopter
Motor	Motor
Onderzeeër	Podmornica
Raket	Raketa
Scooter	Skuter
Taxi	Taksi
Tractor	Traktor
Trein	Vlak
Veerboot	Trajekt
Vliegtuig	Zrakoplov
Vlot	Splav
Vrachtauto	Kamion

Vogels
Ptice

Duif	Golub
Eend	Patka
Ei	Jaje
Flamingo	Flamingo
Gans	Guska
Kip	Piletina
Koekoek	Kukavica
Kraai	Vrana
Meeuw	Galeb
Mus	Vrabac
Ooievaar	Roda
Papegaai	Papiga
Pauw	Paun
Pelikaan	Pelikan
Pinguïn	Pingvin
Reiger	Čaplja
Struisvogel	Noj
Toekan	Toucan
Uil	Sova
Zwaan	Labud

Wandelen
Planinarenje

Berg	Planina
Dieren	Životinje
Gevaren	Opasnosti
Kaart	Karta
Kamperen	Kampiranje
Klif	Litica
Klimaat	Klima
Laarzen	Čizme
Moe	Umorni
Muggen	Komarci
Natuur	Priroda
Oriëntatie	Orijentacija
Parken	Parkovi
Stenen	Kamenje
Voorbereiding	Priprema
Water	Voda
Weer	Vrijeme
Wild	Divlji
Zon	Sunce
Zwaar	Teška

Weersomstandigheden
Vrijeme

Atmosfeer	Atmosfera
Bliksem	Munja
Donder	Grmljavina
Droog	Suho
Droogte	Suša
Hemel	Nebo
Ijs	Led
Klimaat	Klima
Mist	Magla
Moesson	Monsun
Orkaan	Uragan
Overstroming	Poplava
Polair	Polarni
Regenboog	Duga
Storm	Oluja
Temperatuur	Temperatura
Tornado	Tornado
Tropisch	Tropski
Wind	Vjetar
Wolk	Oblak

Wetenschap
Znanost

Atoom	Atom
Chemisch	Kemijski
Deeltjes	Čestice
Evolutie	Evolucija
Experiment	Eksperiment
Feit	Činjenica
Fossiel	Fosil
Gegevens	Podaci
Hypothese	Hipoteza
Klimaat	Klima
Laboratorium	Laboratorij
Methode	Metoda
Mineralen	Minerali
Moleculen	Molekule
Natuur	Priroda
Natuurkunde	Fizika
Observatie	Promatranje
Organisme	Organizam
Wetenschapper	Znanstvenik
Zwaartekracht	Gravitacija

Wetenschappelijke Discip
Znanstvene Discipline

Anatomie	Anatomija
Archeologie	Arheologija
Astronomie	Astronomija
Biochemie	Biokemija
Biologie	Biologija
Chemie	Kemija
Ecologie	Ekologija
Fysiologie	Fiziologija
Geologie	Geologija
Immunologie	Imunologija
Mechanica	Mehanika
Meteorologie	Meteorologija
Mineralogie	Mineralogija
Neurologie	Neurologija
Plantkunde	Botanika
Psychologie	Psihologija
Robotica	Robotika
Sociologie	Sociologija
Thermodynamica	Termodinamika
Voeding	Ishrana

Wiskunde
Matematika

Decimaal	Decimala
Diameter	Promjer
Divisie	Podjela
Driehoek	Trokut
Exponent	Eksponent
Fractie	Frakcija
Geometrie	Geometrija
Hoeken	Kutovi
Loodrecht	Okomica
Omtrek	Opseg
Parallel	Paralelno
Parallellogram	Paralelogram
Rechthoek	Pravokutnik
Rekenkundig	Aritmetika
Som	Suma
Symmetrie	Simetrija
Veelhoek	Poligon
Vergelijking	Jednadžba
Vierkant	Kvadrat
Volume	Volumen

Zakelijk
Poslovanje

Bedrijf	Tvrtka
Begroting	Proračun
Belastingen	Porezi
Carrière	Karijera
Economie	Ekonomija
Fabriek	Tvornica
Financiën	Financije
Geld	Novac
Inkomen	Prihod
Investering	Ulaganje
Kantoor	Ured
Korting	Popust
Kosten	Trošak
Transactie	Transakcija
Valuta	Valuta
Verkoop	Prodaja
Werkgever	Poslodavac
Werknemer	Zaposlenik
Winkel	Dućan
Winst	Dobit

Zoogdieren
Sisavci

Aap	Majmun
Bever	Dabar
Coyote	Kojot
Dolfijn	Dupin
Ezel	Magarac
Geit	Koza
Giraf	Žirafa
Gorilla	Gorila
Hond	Pas
Kameel	Deva
Kangoeroe	Klokan
Kat	Mačka
Konijn	Zec
Leeuw	Lav
Olifant	Slon
Paard	Konj
Stier	Bik
Vos	Lisica
Walvis	Kit
Wolf	Vuk

Gefeliciteerd

Je hebt het gehaald!

We hopen dat u net zoveel plezier beleeft aan dit boek als wij aan het maken ervan. We doen ons best om spellen van hoge kwaliteit te maken.
Deze puzzels zijn op een slimme manier ontworpen zodat je actief kunt leren terwijl je plezier hebt!

Vond je ze mooi?

Een Eenvoudig Verzoek

Onze boeken bestaan dankzij de recensies die zij publiceren. Kunt u ons helpen door nu een mening achter te laten ?

Hier is een korte link die u naar uw bestellingen beoordelingspagina.

BestBooksActivity.com/Recensie50

FINAAL UITDAGING!

Uitdaging nr. 1

Klaar voor uw bonusspel? We gebruiken ze de hele tijd, maar ze zijn niet zo gemakkelijk te vinden. Hier zijn **Synoniemen!**

Noteer 5 woorden die je ontdekt hebt in elk van de onderstaande puzzels (nr. 21, nr. 36, nr. 76) en probeer voor elk woord 2 synoniemen te vinden.

Notitie 5 Woorden uit **Puzzle 21**

Woorden	Synoniem 1	Synoniem 2

Notitie 5 Woorden uit **Puzzle 36**

Woorden	Synoniem 1	Synoniem 2

Notitie 5 Woorden uit **Puzzle 76**

Woorden	Synoniem 1	Synoniem 2

Uitdaging nr. 2

Nu je opgewarmd bent, noteer 5 woorden die je ontdekt hebt in elke hieronder genoteerde puzzel (nr. 9, nr. 17, nr. 25) en probeer voor elk woord 2 antoniemen te vinden. Hoeveel regels kan je doen in 20 minuten?

Notitie 5 Woorden uit *Puzzle 9*

Woorden	Antoniem 1	Antoniem 2

Notitie 5 Woorden uit *Puzzle 17*

Woorden	Antoniem 1	Antoniem 2

Notitie 5 Woorden uit *Puzzle 25*

Woorden	Antoniem 1	Antoniem 2

Uitdaging nr. 3

Prachtig, deze finaal uitdaging is makkelijk voor jou!

Klaar voor de laatste? Kies je 10 favoriete woorden die je in een van de puzzels hebt ontdekt en noteer ze hieronder.

1.	6.
2.	7.
3.	8.
4.	9.
5.	10.

De uitdaging is nu om met deze woorden en binnen een maximum van zes zinnen een tekst te schrijven over een persoon, dier of plaats waar je van houdt!

Tip: U kunt de laatste blanco pagina van dit boek als kladblaadje gebruiken!

Je schrijven:

NOTITIEBOEKJE:

TOT SNEL!

GENIET VAN GRATIS SPELLEN

GO

↓

BESTACTIVITYBOOKS.COM/FREEGAMES